insel taschenbuch 4692

Vita Sackville-West

Mein Frühlingsgarten

»Auch aus dem kleinsten Garten läßt sich mit Phantasie etwas machen. Das ist keine Frage der Flächen, sondern eine Frage von Geschmack, Vision, Design, Farbsinn und Anordnung.« (Vita Sackville-West)

Vita Sackville-West, Schriftstellerin und begnadete Gärtnerin, hat nicht nur den berühmtesten Garten der Welt – Sissinghurst – geschaffen, sondern auch ihre Liebe zur Natur in ihren legendären, weil ebenso kenntnisreichen wie charmanten Gartenkolumnen festgehalten, die hier nach Jahreszeiten geordnet vorgestellt werden.

In *Mein Frühlingsgarten* erzählt sie von beliebten Frühblühern und verschiedenen Narzissenarten, die uns nach den dunklen Wintertagen mit einem wahren Blütenmeer beglücken, preist die Vorzüge des unscheinbaren Waldmeisters, gibt praktische Tips zum Anpflanzen von Anemonen und Clematis u. v. a. m.

Victoria Mary Sackville-West (1892-1962), genannt Vita, publizierte in ihrem Leben über fünfzig Bücher. Für den *Observer* schrieb sie jahrelang eine erfolgreiche Gartenkolumne. 1930 erwarb sie Sissinghurst Castle in Kent, wo sie zusammen mit ihrem Mann einen der schönsten Gärten Englands entwarf und anlegte.

Im insel taschenbuch liegt von ihr außerdem vor: *Meine Lieblingsblumen* (it 4436)

VITA SACKVILLE-WEST

Mein Frühlingsgarten

Aus dem Englischen von Gabriele Haefs
Mit farbigen Illustrationen von
Pierre-Joseph Redouté

INSEL VERLAG

Erste Auflage 2019
insel taschenbuch 4692

Vertrieb durch den Suhrkamp Taschenbuch Verlag
Umschlag: Brian Barth
Umschlagabbildung: Pierre-Joseph Redouté,
Spanische Iris (Iris xiphium), 1827
Satz: Satz-Offizin Hümmer GmbH, Waldbüttelbrunn
Druck: CPI – Ebner & Spiegel, Ulm
Printed in Germany
ISBN 978-3-458-36392-7

Mein Frühlingsgarten

MÄRZ

Eine Winterecke ... Und unter »Winter« ist hier die Zeit vom Januar bis zum Ende März gemeint. Ich wünschte, wir hätten einen Namen für diese Zwischensaison, in der der Valentinstag am 14. Februar und der Narrentag am 1. April liegen. Diese Zeit ist weder Fisch noch Fleisch, weder Winter noch Frühling. Vielleicht könnten wir sie »Wintling« nennen, das klingt doch schön altfränkisch, und sie dann einfach hinnehmen wie die Ehe, in guten wie in schlechten Zeiten?

Es gibt verschiedene Arten von Helleboren, aber die in englischen Gärten vor allem heimischen sind eher unter ihren hübscheren Namen Christrose und Fastenrose bekannt, *Helleborus niger* und *Helleborus orientalis.* Warum die weiße Christrose auf Latein »schwarz« genannt wird, konnte ich nicht begreifen, bis mir dann aufging, daß sich dieses Adjektiv auf die Wurzel bezieht; auf jeden Fall weiß ich noch immer nicht, warum beide Arten nicht viel häufiger angepflanzt werden. Sie könnten manchen unbenutzten Winkel füllen; sie stellen keine großen Ansprüche, und sie liefern zu einer Jahreszeit Blumen, in der es nicht viele gibt.

Was ihre Ansprüche angeht, so mögen sie es kalt, nach Westen gerichtet zum Beispiel, oder in einer von Sträuchern beschatteten Nische; sie wollen ziemlich schweren Boden, je feuchter, desto besser; was sie nicht vertragen können, ist karger sandiger Boden, der im Sommer austrocknet. Sie werden auch nicht gern gestört, also pflanzen Sie sie an einer Stelle, an der sie auch bleiben sollen. Wenn Sie Pflanzen kaufen, dann dauert es noch einige Jahre, bis diese Pflanzen mit dem Blühen anfangen, doch dann werden sie immer üppigere Blüten treiben, vor allem, wenn Sie sie ab und zu mit Kompost, alten Blättern oder verrottetem Dung versorgen.

Natürlich ist es billiger, sie aus Samen zu ziehen, statt Setzlinge zu kaufen, und die Samen keimen sehr eifrig, wenn wir sie im Mai oder Juni frisch beziehen, aus dem Garten von Freunden, zum Beispiel.

Christrose und Fastenrose halten sich an den Kalender, was bedeutet, daß zwischen Dezember und April eine von beiden immer in Blüte steht. Die Christrose ist die ideale Schnittblume, sie bleibt in der Wohnung wochenlang frisch, wenn die Stiele angeschnitten werden. Die Fastenrose dagegen ist leider eine unzuverlässige Vasenblume; wenn der Stiel angeschnitten wird, dann bringt sie das manchmal dazu, ihr wunderschönes weinrotes Haupt ein paar Tage lang aufrecht zu halten, manchmal jedoch siecht sie nach derselben Behandlung schon wenige Stunden später kläglich dahin; den Grund für dieses wechselhafte Verhalten habe ich nie feststellen können.

Wer meine Vorliebe für grünliche Blumen teilt, sollte es mit der Korsischen Hellebore (*H. corsicus*) versuchen, einer zähen, hübschen Pflanze, deren aus dichtsitzenden, seltsam blassen Blüten bestehender Blütenkopf im Garten oder in einer Schüssel mit Wasser von Anfang März bis Mai überlebt. Ehe die Knospen sich öffnen, sehen sie fast aus wie eine Dolde Muskattrauben, doch dann öffnen sie sich zu flachen Blüten, wie winzig kleine blaßgrüne Seerosen (falls Sie sich

Seerosen von der Größe eines Pennys überhaupt vorstellen können).

Der März ist der Monat, in dem Tigridien und Gladiolen gepflanzt werden sollten. Beide erzielen für überraschend wenig Geld eine große Wirkung. Ich möchte den in Büchern aufgestellten Regeln kühn widersprechen: Ich finde, daß wir sie durchaus in der Erde lassen und auf den zeitraubenden und ermüdenden Prozeß verzichten können, sie im Herbst auszugraben, sie dann in einem frostgeschützten Schuppen aufzubewahren und sie im Frühling wieder einzugraben. Wenn Sie diesen unorthodoxen Rat, der gar nicht so unorthodox ist, weil er auf Experimenten und Erfahrung beruht, beherzigen, dann möchte ich Ihnen noch dazu raten, sie tief genug zu setzen, um sie vor den wenigen Zentimetern Bodenfrost zu schützen, die es bei uns in normalen Wintern gibt. Natürlich müssen wir damit rechnen, daß einige umkommen, aber nach meiner Erfahrung taucht im Frühling doch ein Großteil wieder auf.

Tigridien, Pfauenblumen, sollten, in so großen Mengen, wie Sie sich das leisten können, an schmalen sonnigen Stellen gepflanzt werden, wie wir sie oft an der Südseite von Häusern finden. Sie werden nicht hoch, auf jeden Fall nicht höher als dreißig Zentimeter, und sie weisen überraschend leuchtende und unterschiedliche Farben auf: Koralle, Orange, Butterblumengelb, Rot und reinstes Weiß. Wenn Sie schon früher Tigridien gepflanzt haben, dann brauchen Sie meine Empfehlungen nicht mehr. Wenn nicht, dann bitte ich Sie, geben Sie ihnen eine Chance, ich glaube, Sie werden überrascht sein.

Auch Gladiolen sollten in diesem Monat oder auf jeden Fall zwischen März und Mai gepflanzt werden, um für neue Blüten zu sorgen. Ich kann mich einfach nicht entscheiden, was ich von den Gladiolen halten soll. Schön, ja, wunderbare Farben, ja, leicht zu schneiden, ja, unersetzlich im August-September-Garten, ja, überragend auf den Blumenausstellungen des Spätsommers, ja, in diesen großen pfauenschwanzähnlichen Formationen, wie Schwerter, die in alle Farbtöne von Sonnenuntergang, Sonnenaufgang und Sturm getunkt worden sind. Doch danach ist Schluß, und ich sage »Nein.« Es gefällt mir nicht, wie sie unten schon wieder verblassen, noch ehe sie sich oben richtig entfaltet haben. Mir gefällt es nicht, daß sie oben so schwer sind, denn das führt dazu, daß sie aufgebunden werden müssen, wenn wir keine mit Erde befleckte Blume haben wollen, die flach am Boden liegt. Und schließlich mag ich ihr Blumenladen-Aussehen nicht. Nein, ganz allgemein, ich kann die großen Gladiolen nicht lieben. Sie rühren nicht an mein Herz.

Die kleine *Gladiolus primulinus* ist da schon viel weniger massiv. Vielleicht nicht so protzig, aber für den wählerischen Geschmack viel eleganter. Es gibt sie in einem erstaunlich breiten Farbspektrum.

Es hat mich überrascht und gefreut, in einem Blumenladen auf eine alte Freundin zu stoßen. Ehrlich gesagt, ich hatte sie schon so lange nicht mehr gesehen, daß ich ihre Existenz vollständig vergessen hatte. Dann stellte sich heraus, daß sie sehr viel weniger gepflanzt wird als früher. Das hat offenbar keinen besonderen Grund, schließlich verlangt sie nur ein einigermaßen beheiztes Treibhaus, ist durchaus nicht schwierig und zweifellos eine hervorragende Topfblume. (Als Schnittblume macht sie sich nicht gut.) Ich rede von der *Bouvardie*.

Auf den ersten Blick könnten wir sie für ein fest zusammengepreßtes Büschel von weißem Jasmin halten, das ein Opfer dieser schändlichen Mode geworden ist, Blumen eine unnatürliche Farbe zu geben, indem man sie in mit Tinte in der gewünschten Farbe verdünntes Wasser stellt. Die Bouvardie hat die rohrförmige Gestalt des Jasmin, sie wächst in Doldentrauben, und jede einzelne Blüte entfaltet sich oben flach und rund wie eine kleine Münze. Sie ist fleischiger als Jasmin und sieht aus, als sollte sie aromatischer riechen als Gardenien oder Stephanotis; unser erster Impuls ist, die Nase hineinzustecken, aber das führt nur zu einer Enttäuschung, ihr wächsernes Aussehen ist durchaus irreführend, diese Blume riecht nach überhaupt nichts.

Immerhin hat sie eine Farbe, darum geht es hier. Wie sollten wir Farben mit Worten beschreiben? Wenn ich sage, Zyklamenrosa oder Kirschrosa oder Rose du Barry oder Persischrot, dann vermittele ich meinen Zuhörern vielleicht einen ganz falschen Eindruck. Ich kann nur sagen, daß diese Bouvardia-Büschel als Kontrast zum Schnee draußen Herz und Auge erwärmen. Sie sehen so freundlich aus wie Glut in einem Kamin.

Übrigens gibt es angeblich Bouvardien mit Geruch: *B. jasminiflora* und *B. longiflora*. Beide sind weiß. Müssen wir daraus den Schluß ziehen, daß wir nicht Farbe und Geruch erwarten dürfen? Wäre das zuviel verlangt? Ich kann nur sagen, daß ich auf den Duft verzichten würde, wenn ich nur die übervollen Blütenbüschel in ihrem weichen Rosa und dem tiefen Rosenrot von *B. angustifolia* oder *B. ternifolia* sehen könnte.

Sie stammen ursprünglich aus Mexiko, und das große *Dictionary of Gardening* der Royal Horticultural Society gibt als ihr erstes Auftauchen in England das Jahr 1857 an. Bei allem Respekt, ich glaube nicht, daß das stimmt, denn die *Bouvardia* wird bereits 1822 in Loudouns *Encyclopædia of Gardening* erwähnt. Auf jeden Fall ist es heutzutage sehr schwierig, Bouvardien aufzutreiben.

Vor kurzem hatte ich ein seltsames, schönes Erlebnis. Wie und warum spielt keine Rolle, jedenfalls fand ich mich ganz allein in der Halle der Royal Horticultural Society am Vincent Square wieder, nachdem die vierzehntägige Ausstellung abends für den Publikumsverkehr geschlossen worden war.

Und da war ich dann, ganz allein, nicht einmal ein verirrtes Kätzchen trieb sich dort herum. Die Lampen waren noch eingeschaltet, sie verwandelten die riesige Halle in ein Kirchenschiff mit Holztäfelung und strahlten die stummen Blumen auf dem Boden an. Ich hatte das Gefühl, durch eine mit Blumen gepflasterte Kathedrale zu wandern, in der der Duft von Tausenden von Hyazinthen an die Stelle des Weihrauchs getreten war. Ein alter Satz aus dem fünfzehnten Jahrhundert fiel mir ein: »Die blendenden blühenden Felder von Blumen und Kräutern, deren Geruch unsere Nase wie Balsam umschmeichelt, so daß jegliche empfindsame Seele in Entzücken verfallen muß.«

Ich schreibe das jedoch nicht so sehr, um mein Erlebnis

zu beschreiben, sondern um Ihnen eindringlich zu raten, auf die vielen kleinen Knollenpflanzen zu achten, die diese Jahreszeit verschönern. Der winzige Krokus zum Beispiel. Manchmal sehen die äußeren Blütenblätter ein wenig aus wie Federn und weisen darunter eine ergänzende Farbe auf, manchmal, wie beim *Crocus angustifolius*, sind sie goldgelb mit Bronze gefleckt oder anders *C. chrysanthus*, der weißgefedert und lavendelblau ist. Es gibt zu viele, um hier noch mehr aufzuführen, ein guter Katalog enthält ausführliche Beschreibungen, falls Sie keine Blumenausstellung besuchen können. Sie sind billig und sollten, finde ich, allesamt in einer besonderen Ecke, in einem Steinbecken oder, für das Haus, in einem Alpinum untergebracht werden. Dazu passen die Miniaturnarzissen und natürlich auch die kleinen Irisarten; es gibt eine besonders schöne weinrote Art der *I. reticulata*, auch J. S. Dijt genannt. Die frühe Traubenhyazinthe, *Muscari azureum*, vermischt ihre himmelblauen Blütenspeere ganz perfekt, sie ist von fast derselben Farbe wie *I. reticulata Cantab.*

Die übrigen dieser brillanten kleinen Gesellschaft werden Sie sicher auch nicht ruinieren, und außerdem können Sie in den folgenden Jahren immer neue hinzufügen. Sie brauchen so wenig Platz und sind so willkommen in den Monaten, wenn der Frühling einfach endlos lange herumzutrödeln scheint.

Nach einem meiner Artikel über Topfhaltung von großen Cyclamen hat sich eine interessante Korrespondenz entwikkelt. Und dabei scheint sich meine Überzeugung zu bestätigen, daß sie temperamentvoll, individualistisch, erratisch, unvorhersagbar, ungehorsam sind und keinen festen Regeln unterliegen. Wie die Kinder einer großen Familie, jedes wächst in derselben Umgebung auf und erfährt die gleiche Menge an Liebe und Fürsorge, und doch schlägt jedes anders aus. Manche sind umgänglich, andere Schurken und Rebellen.

Aus den Briefen, die ich erhalten habe, entnehme ich die folgenden Tatsachen. Eine Schreiberin teilt mir mit, daß sie ihre alten Knollen in einem Gartenbeet eingepflanzt hat, dann hat sie sie restlos vergessen, weshalb sie zwei Jahre später höchst erstaunt war, als sie plötzlich wieder blühten, sich jedoch zu dem alten kleinen wilden Typus zurückentwickelt hatten, aus dem die Cyclamen der Blumenhändler gezüchtet worden sind. Ein anderer Briefschreiber erzählt mir, daß er eine Knolle siebzehn und eine andere sechzehn Jahre lang aufbewahrt hat, daß jedoch keine sich zu dem alten kleinen Typus zurückentwickelt hat. Ein dritter Schreiber hat jahrelang seine Topfpflanzen im Haus stehen gehabt, und in diesem Jahr haben sich die Blätter erstmals gelblich verfärbt.

Aus einem vierten Brief erfahre ich, daß französische Züchter die Knollen in der Erde vergraben, wovon uns immer abgeraten wird, hier heißt es, wir sollten sie an der Oberfläche lassen, ein harter Klumpen, der sich nackt, braun und den Elementen preisgegeben an der Erdkruste anklammert.

Ach, ach! Was sollen wir von allem bloß halten? Es ist so widersprüchlich und ungereimt. Ich habe langsam das höchst unwissenschaftliche Gefühl, daß Cyclamen ihren ganz eigenen unerklärlichen Charakter haben; den haben wir schließlich alle, warum sollten wir ihn Pflanzen also absprechen?

Und doch stellen die großen persischen Cyclamen mehrere Probleme dar, und ich wünschte, ich wüßte genug, um diese zu lösen.

Um auf ein ganz anderes Thema zu sprechen zu kommen, so hat mir jemand erzählt, daß er in seinem Garten in Buckinghamshire künstlich erwärmte Oliven vor einer Wand aus Ziegeln angebaut hat. Sie tragen zwar keine Früchte, aber ich glaube ihm gern, daß ihr graugrünes Aussehen einen angenehmen Anblick bietet, vor allem im Winter, wenn die meisten Spaliere kahl und blattlos sind. Von Oliven heißt es normalerweise, daß sie »nur in milderen Grafschaften« wachsen können, wozu Buckinghamshire sich nun wirklich nicht rechnen kann; doch andererseits wächst auch in Kew eine auf diese Weise gezogen Olive, jedenfalls war sie jahrelang dort zu sehen. Als Experiment für alle, die sich nach mediterranen Landschaften sehnen, ist sie allemal zu empfehlen.

Als ich kürzlich über Zwiebeln schrieb, die im März gesetzt werden sollten, dachte ich an *Acidanthera bicolor*, die in Katalogen zumeist unter dem Namen *Acidanthera Murielæ* angeboten wird. Der korrekte Name ist eigentlich *A. bicolor var. Murielæ*, aber das nur nebenbei. Solange wir diese liebliche, duftende Sterngladiole überhaupt beziehen können, wird uns seine exakte botanische Beschreibung nicht weiter Kopfzerbrechen machen.

Vielleicht ist es eine Pflanze für den wählerischen, anspruchsvollen Gärtner, nicht für den, der großes Aufsehen erregen will. Sie wird keinen prunkvollen Anblick bieten können. Vielleicht sollten wir sie vor allem als Schnittblume betrachten, denn dann entfaltet sie erst wirklich ihr starkes, süßes Aroma. Schlank und graziös, auf drahtigen, sechzig bis neunzig Zentimeter hohen Stengeln, mit weißen sternförmigen Blüten mit dunkelbraunem Mittelpunkt, stammt sie von den aromatischen Hügeln Abessiniens, und deshalb können wir ihr zu Recht nachsagen, sie »hänge wie ein kostbares Juwel am Ohre eines Äthiopiers« und daß sie sich vor allem an sehr sonnigen, trockenen Orten wohl fühlt und gern über Winter ins Haus geholt und vor Frost und Feuchtigkeit geschützt aufbewahrt wird.

In diesem Monat und dem nächsten sollten in passenden Zwischenräumen, damit immer Blüten vorhanden sind, die Anemonen gepflanzt werden. Je weiter wir das Pflanzen der Anemonenknollen verteilen, um so länger werden wir Blüten haben. Sie sind außerdem billig, aber ich rate Ihnen, bei einem zuverlässigen Züchter zu kaufen, nicht in einem Discount, wo die Knollen manchmal wochenlang herumliegen, austrocknen und ihre Lebenskraft einbüßen. Ich brauche sie nicht zu beschreiben, wir alle kennen diese dichten, kleinen, billigen Büschel, die im Januar aus Cornwall bei den Blumenkarren eintreffen und die sich zu verblüffender Schönheit öffnen, sowie wir sie von ihrem Gummiband befreit und in Wasser gestellt haben, und die so lange halten, daß wir sie fast schon für unsterblich halten. Bekannt sind die Sorten *Anemone St. Brigid* und *Anemone De Caen*. Es gibt noch schönere Anemonensorten, aber diese beiden sind uns vor allem vertraut. Vielleicht sind sie ein wenig ungeschlacht, verglichen mit einem exquisiten Dandy wie der *Acidanthera*, doch wie nützlich und schmückend! Wir sollten unsere Blumen nicht zu snobistisch sehen. Wir sollten immer auf dem goldenen Mittelweg zwischen Erlesenem und Gewöhnlichem verharren. Selbst im kleinsten Garten ist genug Platz für jeden Geschmack. Ich würde niemals irgendeine Blume verachten, nur weil wir sie überall sehen, solange sie ihre eigene Schönheit besitzt und in einer passenden Umgebung wächst. Der schlichte Fingerhut kann uns soviel Freude machen wie die seltenste Lilie – ach, vielleicht stimmt das nicht so ganz, aber ich hoffe, Sie wissen, was ich meine.

Wie sehr sehne ich mich manchmal nach einem mit breiten grauen Steinen gepflasterten Hof. Nachts träume ich davon, tagsüber denke ich daran, ich male ihn mir aus, und meine Vernunft sagt mir, daß ich niemals einen haben werde. Trotzdem beneide ich die glücklichen Menschen, die in Steinländern leben, wie den Cotswolds oder den nördlichen Grafschaften Yorkshire, Westmorland und Cumberland. Auf diesem Hof sollten alle Arten von kleinwüchsigen Pflanzen zwischen den Steinen stehen und nach Herzenslust ihre Samen ausstreuen können ... und als ich in meinem Artikel so weit gekommen war, brachte mir die Post einen Brief, der fragte, ob ich je einen sehr kleinen Garten gesehen hätte, der ganz und gar gepflastert war, und der deshalb zu einem Blumenteppich hatte werden dürfen?

Nein, das habe ich nicht, aber ich habe mir oft einen vorgestellt, es scheint mir eine Lösung für die üblichen Probleme eines taschentuchgroßen Gartens zu sein, und mehr haben die meisten Leute heutzutage ja nicht. Es wäre extrem arbeitssparend: kein Mähen, kein Unkrautjäten. Und sehr hübsch und originell wäre es auch. Ich sehe aber zwei Einwände voraus: Es würde einiges kosten, die Steine anzuschaffen, und außerdem möchten die meisten von uns ein wenig grünes Gras sehen. Es gibt jedoch auch ältere oder behinderte Menschen, für die dieses grüne Gras eher eine Sorge als eine Freude wäre; und was den Preis der Steine angeht, so könnten doch selbstgegossene Zementblöcke verwendet werden, was viel billiger wäre, und außerdem würden sie ja ohnehin sehr bald teilweise überwuchert sein. Seen von Aubrietien, Büschel von Grasnelken, Matratzen von gelbem Steinkraut, Kissen von Federnelken, Bäche von Veilchen – verstehen Sie, was ich meine?

Zwischen diesen unerläßlichen und grundlegenden Deckpflanzen würde ich kleine Schätze unterbringen. Sollen wir das Axiom aufstellen, daß ein sehr kleiner Garten auch sehr kleine Dinge enthalten sollte? Das Bild sollte zum Rahmen passen. Ich würde viele kleine Zwiebeln anschaffen, alle, die im Frühling blühen, auf jeden Fall. Für die späteren Monate würde ich blaßblaue Prairiekerzen und außerdem rosa und lila Leinkraut anpflanzen, einfache Geschöpfe, die sich selber in jedem Spalt aussäen. Ich kann Mr. Haworth-Booth nur energisch zustimmen, wenn er so ungefähr sagt, daß jeder Garten als Palette eines Malers betrachtet werden sollte. Vielleicht gibt mein unzuverlässiges Gedächtnis dieses Zitat nicht korrekt wieder, aber jedenfalls hat er es gemeint. Nur auf diese Weise können wir einen Garten anlegen, auf Größe oder Reichtum kommt es dabei nicht an. Der winzigste Garten kann durchaus der hübscheste sein. Sehen Sie sich doch die Cottage-Gärten an, wenn Sie noch nicht überzeugt sind!

Wie aber legen wir einen kleinen Garten an? Unter einem kleinen Garten verstehe ich alles zwischen einem halben und zwei Morgen. Es ist ein sehr großes Thema für einen so kleinen Artikel. Ich kann nur hoffen, einige allgemeine Überlegungen vorzutragen.

Bei unserem kleinen Garten kann es sich um den eines Bungalows, eines Reihenhauses, den Garten, der ein altes Cottage umgibt, oder den Garten eines neues Hauses an einer Hauptverkehrsstraße handeln. Auf jeden Fall wird der wahre Gärtner soviel wie möglich aus diesem Flecken des Planeten Erde machen wollen, der unter seinem eigenen, persönlichen Kommando steht. In den meisten Fällen wird er sich von der Form dieses Fleckens und von der Lage seines Wohnhauses leiten lassen. So wird er sich vielleicht gezwungen sehen, einen geraden Fußweg vom Gartentor zur Haustür und seine Blumenbeete und die Rasenfläche entsprechend anzulegen. In diesem Fall wird sein Garten genauso aussehen wie der seines Nachbarn. Ich möchte darauf hinweisen, daß ein wenig Phantasie dieses Muster auflockern kann.

Ich denke dabei an drei Gärten. Einer ist vor einem kleinen Haus zur Straße hin angelegt worden und erscheint als Landschaftsgarten in Miniaturformat. Der Fußweg führt nicht direkt vom Gartentor zur Haustür, sondern verläuft seitwärts, während sich in der Mitte des Vorgartens ein Teich, ein tiefer, von Trauerweiden und *Iris sibirica*, der Sibirischen Schwertlilie, umstandener Teich befindet, deren blasse Malvenfarbe und tiefes Lila vom Wasser reflektiert wird. Auch einige irische Eiben sind gepflanzt worden, die sich im Wasserspiegel verdoppeln und diesen winzigen Garten doppelt so groß aussehen lassen.

Der zweite Garten liegt ebenfalls zur Straße hin, zu einer Hauptstraße. Es wäre leicht und naheliegend gewesen, daraus einen konventionellen Garten zu machen. Aber seine Besitzer sind viel raffinierter vorgegangen: Sie haben ihn seitlich zum Haus hin angelegt, so daß die Blumenbeete nicht wie normalerweise geometrisch vor dem Haus liegen, sondern auf überraschende Weise seitlich dazu.

Der dritte Garten ist die Art von Garten, die mir am besten gefällt. Es ist ein Cottage-Garten von der besten Sorte, der einem wahren Gärtner gehört. Dieser Garten senkt sich sehr sanft zur Rodney Marsh hinunter ab und erlaubt freien Blick auf die Marsch. Zu allen Jahreszeiten ist er von Blumen überwuchert, die so geschickt angeordnet sind, daß jede überall ihren vollen Reiz entfaltet.

Ich kann mich vor allem an blaue Primeln und Blausterne erinnern, die um eine graue steinerne Brunneneinfassung herum angelegt worden sind, eine wirklich perfekte Kombination.

In mehreren Briefen bin ich gebeten worden, etwas über diese seltsame schwarzgrüne Blume zu sagen, die allgemein *Iris tuberosa* oder Schlangenkopf genannt wird und die wir im März und April in Blumenläden finden, wo sie in größeren Mengen ziemlich billig verkauft wird. Ich mag solche Anfragen, denn sie stellen eine Herausforderung an meine vielen Mißerfolge im Garten dar und veranlassen mich zu einer Gewissenserforschung, um festzustellen, wo ich mich geirrt habe. Was meine *Iris tuberosa* angeht, so habe ich mich auf jeden Fall geirrt. Ich habe sie an einer zu schattigen Stelle gepflanzt, unter einem Apfelbaum, in reichem altem Boden, und ich weiß jetzt, daß sie möglichst viel Sonne und sandigen, trokkenen Boden braucht, um so viel Hitze aufnehmen zu können, wie unser englischer Sommer überhaupt nur liefern kann.

Sie zu pflanzen ist eigentlich kein großes Problem. Die Knolle kostet im Dutzend nicht sonderlich viel, und sie vermehren sich an der richtigen Stelle, also, wenn es heiß, trokken und sonnig ist, normalerweise von selbst. Ursprünglich aus Italien stammend, wächst sie in anderen Teilen Südeuropas wild, woraus wir schließen können, daß sie am liebsten Bedingungen hat, die denen der Mittelmeerküste möglichst ähnlich sind.

Eine weise Vorsorgemaßnahme: Kennzeichnen Sie die Pflanzstelle durch einen Stock oder einen Steinring, denn während des Sommers sind keine Spuren zu sehen, und deshalb kann sie aus Versehen wieder ausgegraben werden.

Das hört sich vielleicht ziemlich langweilig an, aber meine historischen Forschungen über die *Iris tuberosa* waren alles andere als das. Es ist eine interessante Pflanze, sowohl botanisch als auch mythologisch gesehen. In botanischer Hinsicht ist es gar keine echte Iris. Ihr eigentlicher Name ist *Hermodactylus tuberosus*, was übersetzt »Finger des Hermes« (oder Merkur) bedeutet. *Tuberosus* bezieht sich auf den knotigen Wurzelstock, der tatsächlich einige Ähnlichkeit mit den Fingern der menschlichen Hand aufweist. Als ich das festgestellt hatte, machte ich mir Gedanken über den volkstümlichen Namen Schlangenkopf und fragte mich, ob die Annahme, dieser Name sei der Ähnlichkeit mit einer Schlange zu verdanken, wirklich zutreffen kann. Vielleicht, dachte ich, gibt es eine doppelte Bedeutung, denn obwohl die düstere, unheilschwangere Farbe und die häßliche Form wirklich an den Kopf eines spukkenden Reptils erinnern können, gibt es doch auch noch den Heroldsstab des Merkur, den *caduceus*, dieses rasche, elegante Symbol der verschlagensten unter allen kleineren Gottheiten, um den sich zwei miteinander verschlungene Schlangen ranken. Könnte es möglich oder sogar wahrscheinlich sein, fragte ich mich, daß dieser Name von klassischer Herkunft ist, daß wir das jedoch nie vermutet haben? Ich stelle mir gern vor, daß diese Vermutung zutrifft. Ich stelle mir gern vor, daß der Götterbote, Hermes in Griechenland, Merkur in Rom, einer unserer Frühlingsbotinnen sein Symbol zum Namen gegeben hat.

Eine Freundin mit extrem grünen Daumen wirft mir bisweilen vor, daß sich Gartenarbeit bei mir zu leicht anhört. Mein Optimismus sei, sagt sie, irreführend. Aber ich versuche wirklich, keine »schwierigen« Pflanzen zu empfehlen oder zumindest immer davor zu warnen. Doch vermutlich sind alle Pflanzen temperamentvoll, abgesehen vom Unkraut, das über die allerbeste Konstitution zu verfügen scheint. Das Geheimnis der Madonnenlilie zum Beispiel ist noch nie zufriedenstellend erklärt worden. *Daphne mezereum*, der Seidelbast, ist ebenfalls ein Rätsel: Wir können alle Regeln einhalten, aber nichts kann sie gegen ihren Willen zum Blühen bringen. Und dann gibt es den Fall des selbstgesäten Keims, der unter scheinbar unmöglichen Bedingungen in die Höhe schießt und in Gesundheit und Lebenskraft alles übertrifft, was wir mit größter Sorgfalt in einem vorbereiteten Beet mit saftigstem Boden angepflanzt haben.

In meinem eigenen Garten kann ich ein kurioses Beispiel für das perverse Benehmen mancher Pflanzen vorführen. Zwei Pappelsetzlinge, die ich in meinem Toilettenbeutel aus Marokko mitgebracht hatte, waren beide gleichzeitig beschnitten und gepflanzt. Dasselbe Alter, dieselben Eltern, dasselbe Aussehen, derselbe Boden – und doch, fünfzehn Jahre später, ist die eine Pappel nur halb so groß wie die andere. Warum? Ich kann nur annehmen, daß sie sich wie zwei Kinder von derselben Herkunft und Erziehung in Charakter und Veranlagung eben doch unterscheiden.

Wir sehen also, daß Gartenarbeit, anders als Mathematik, keine exakte Wissenschaft ist. Aber das wäre doch auch langweilig! Natürlich gibt es bestimmte Gesetze, deren Überschreitung zur Katastrophe führt: Sie sollten niemals eine Azalee in einer Kalkgrube pflanzen. Ich stimme meiner Freundin jedoch zu, daß in der Gartenliteratur oft grundsätzliche Bemerkungen fehlen, durch die mögliche Fehlerquellen aufgezeigt werden könnten. Was mich zu zwei Dingen bringt, die ich auf dem Herzen habe. Zunächst geht es hier um Schneeglöckchen. Wenn Sie sie verpflanzen möchten, dann sollte das gleich nach dem Blühen geschehen; mit anderen Worten: Jetzt. (Schneiden Sie die Köpfe nicht ab, denn sie sind sehr großzügige Selbstsäer.) Dann geht es um Mäuse. Sie fressen Zwiebeln und hinterlassen kahle Stellen, wo wir Schneeglöckchen und Krokus gepflanzt hatten. Ich habe einen hervorragenden Gärtner um Rat gefragt, und er meinte, da wir Erbsen vor dem Säen in rote Bleilösung legen, sehe er keinen Grund, warum dieses Verfahren Zwiebeln schaden sollte. Es wäre ein lohnendes Experiment, denn immer wieder tauchen entmutigende Kahlstellen auf, für die ich außer Mäusen keine Erklärung finden kann. Und außerdem gibt es ja noch diese verräterischen kleinen Löcher.

Ich schäme mich, weil ich neulich vergessen habe, die blauen Leberblümchen als Bewohner einer Winterecke zu erwähnen. Sie sollten auf keinen Fall ausgelassen werden.

Kein Gärtner, der auf sich hält, kann der Versuchung der Sundries Avenue bei der Chelsear Ausstellung oder zumindest dem bescheideneren Verlocken des Kramladens in der Dorfstraße widerstehen. Unsere Erfahrung sagt uns, daß keine neue Erfindung so zuverlässig ist wie das althergebrachte Werkzeug; und doch können wir nie widerstehen. In uns allen muß eine optimistische Ader stecken, die uns glauben läßt, endlich das Richtige gefunden zu haben.

Ich bin den Verlockungen des Mini-Grini erlegen. Ich achte noch immer die Würde der englischen Sprache, und in der Regel verachte ich solche Verniedlichungen, zum Spaß oder im Rahmen eines Wortspiels falsch geschriebene Namen, aber in diesem Fall muß ich zugeben, daß dieser ziemlich verspielte Beiname zu seinem Objekt paßt: Das Mini-Grini ist ein Miniatur-Treibhaus (Greenhouse). Es ist vierundfünfzig Zentimeter hoch, achtundvierzig Zentimeter tief und sechsunddreißig Zentimeter breit, und es ist eine wirklich solide kleine Konstruktion aus Glas und Metall, in zünftigem Grün gehalten. Es kann im Haus von Gärtnern benutzt werden, die kein beheiztes Treibhaus zu ihrer Verfügung haben, um halbherzige Einjährige wie die Prachtglocke oder die Prachtwinde *Cobaea scandens* oder *Convolvulus tricolor* Heavenly Blues anzupflanzen. Ein Mini-Grini bietet Platz genug für eine Keimdose oder ein Dutzend kleiner Töpfe. Die werden dort erwärmt, denn das Mini-Grini verfügt über einen Lichtschalter und eine 40-Watt-Birne, was keinen zu hohen Stromverbrauch bedeutet. Ich kann mir allerlei Verwendungsmöglichkeiten dafür vorstellen. Wir können darin Keime ziehen, wir können es aber auch als Zuchtanstalt für Ableger benutzen. Außerdem wäre es lehrreich und unterhaltsam für Kinder und außerdem ein hübsches Spielzeug im Zimmer eines Invaliden, der zusehen könnte, wie die Pflanzen fast von Tag zu Tag wachsen. Dieses starke kleine Ding, an dem nichts schäbig ist, ist überraschend preisgünstig.

Um diese Zeit sollte auch der Hundszahn (*Erythronium dens-canis*) zu blühen anfangen, es ist also die richtige Zeit, um diese Pflanzen mit ihren gekräuselten Blättern zu beobachten und zu entscheiden, ob Sie einige bestellen wollen, um sie dann im nächsten Herbst zu pflanzen. Bei den vierzehntägigen Frühlingsausstellungen der Royal Horticultural Society wird es sicher schöne Exemplare zu sehen geben, und alle, die nicht allzuweit vom Vincent Square in Westminster entfernt wohnen, können sich auf diesem Debütantinnenfest eine schöne Stunde machen. Natürlich sehen die meisten Pflanzen auf einer Ausstellung immer besser aus als in unserem eigenen Garten. Die Aussteller haben ihre besten Exemplare ausgesucht und sie in einem kleidsamen Beet aus feuchtem, samtigem, dunkelbraunem Torf arrangiert, wo sie wirklich am schönsten zur Geltung kommen.

Der Hundszahn müßte eigentlich unter den großen blühenden Kirschen und Mandeln des Frühlings zu finden sein.

Er ist klein, von bescheidener Gestalt, wird selten höher als achtzehn Zentimeter, hat aber mit seinen wunderschön marmorierten Blättern und seinen schillernden Blütenblättern, die an winzige Türkenbundlilien erinnern, seinen Platz mehr als nur verdient. Einige Hundszahnarten sind Eingeborene aus Mitteleuropa, andere stammen aus Nordamerika; sie gehören zu den Lilien und haben mit Veilchen eigentlich nichts zu tun. Den Namen »Hundszahn« verdanken sie ihrer Knolle, die weiß und spitz ist, wie ein Fangzahn. Sie haben es gern ein wenig schattig; ein offener Wald ist ideal für sie; sie mögen ein wenig Sand und Torf oder Lauberde im Boden, und der Boden sollte feucht, aber nie mit Wasser vollgesogen sein: Sie ziehen nicht sehr gern um, lassen Sie sie für die nächsten Jahre in Ruhe, wenn sie sich erst einmal eingelebt haben. Ich habe Hundszahn unter Buchen, wo eigentlich sonst nur wenig wächst, wirklich blühen und gedeihen gesehen. Es gibt ihn in den Farben Weiß, Rosa, Lila und Gold.

Das Dreiblatt, auch nordamerikanische Waldlilie oder, wegen seiner dreieckigen Form, auch Dreifaltigkeitsblume genannt, blüht ein wenig später, braucht aber soviel Schatten und ähnlichen Boden wie der Hundszahn. Wir sehen es nicht sehr oft, aber es ist ein wirklicher Blickfang. Es ist weinrot oder weiß, es wird etwa dreißig Zentimeter hoch und ist, wie die meisten anderen Waldpflanzen, sehr langlebig. Ich nehme an, das liegt daran, daß diese Pflanzen nicht von heißer Sonne versengt werden. Leider ist das Dreiblatt eine ziemlich teure Pflanze, aber durch sein gutes Aussehen ist schon eine Gruppe von nur drei oder vier Pflanzen von ziemlicher Wirkung, und schließlich können wir jedes Jahr noch ein paar dazusetzen. Wie der Hundszahn ist auch das Dreiblatt nicht nur für Wälder, sondern auch für kühle, schattige Stellen in einem Steingarten geeignet.

Das weinrote Dreiblatt ist das *Trillium erectum*. Das weiße heißt *Trillium grandiflorum* und ist in seiner Heimat als »Wake Robin« bekannt, ein Name, den wir normalerweise für unseren wildwachsenden Aronstab reservieren.

Der Freundlichkeit und Hilfsbereitschaft eines *Observer*-Lesers verdanke ich die Möglichkeit, in einem alten Gartenhandbuch aus dem Jahre 1797 zu blättern. Es ist wirklich interessant, die Methoden von gestern und heute zu vergleichen. Wir kommen dabei zu der Erkenntnis, daß unsere Vorfahren fast soviel wußten wie wir und daß sich die Grundweisheiten des Gartenbaus seither nur wenig geändert haben.

In manchen wissenschaftlichen Fragen sind wir vielleicht weitergekommen, aber wir könnten unseren Vorfahren über den Gartenalltag nur wenig beibringen.

Sie kannten sich mit Kompost aus und schätzten ihn vor allem zur Kopfdüngung. Ihr Kompost bestand aus faserigem Lehm, trockenen Blättern und Dung, offenbar haben sie, anders als wir heute, keine grünen pflanzlichen Bestandteile hinzugegeben. Sie arbeiteten mit Glasglocken, die sie Gläser oder Glockengläser nannten und die wir heute ausgiebiger und möglicherweise auch exakter verwenden, das Prinzip aber war dasselbe. Sie legten Buchsbaumumrandungen an, die aber niemals »auswachsen« durften. Sie beherrschten die Künste des Pfropfens und des Okulierens. Und das Anlegen von Frühbeeten spielt eine große Rolle in ihren Anweisungen.

Ansonsten kann dieses sehr praktische Buch in uns nur einen wütenden Neid entfachen. Unsere Vorfahren scheinen damals über große Scharen von Untergärtnern und Gartenburschen verfügt zu haben, die immer mit Matten bereit standen, um zarte Pflanzen schon vor der leisesten Frostgefahr zu beschützen, die scheinbar unbegrenzte Mengen von Pferdedung in Schubkarren umherfuhren und die die Heizöfen von ausgedehnten Treibhausanlagen schürten. Einige der im Buch als gang und gäbe erwähnten Pflanzen können ebenfalls niedrigste Gefühle in uns wachrufen: Doppelter Goldlack, doppelte Wucherblume, doppelte Bartnelke, das alles sind heute Raritäten, die wir nur selten und dann nur zu hohen Preisen bekommen können. Und was haben sie wohl unter »Baumprimeln« verstanden? Ich müßte es vielleicht wissen, aber ich weiß es nicht. Es ist kein Polyanthus, wie ich zuerst gedacht hatte, der ist nämlich an anderer Stelle aufgeführt. Es hört sich aufregend und auch recht beunruhigend an.

Andererseits dürfen wir uns, verglichen mit der bemitleidenswerten Kargheit ihrer Blumenbeete, an dem Reichtum erfreuen, den wir heute genießen. Rhododendron wird nicht einmal erwähnt; die gewaltigen botanischen Schatzkammern Chinas und des Himalajas waren damals noch kaum berührt worden. In dieser Hinsicht glaube ich durchaus, daß wir besser dran sind.

Ich hatte gehofft, in diesem Buch neue oder, besser gesagt, alte vergessene Ideen zu finden und wiederbeleben zu können. Ich fand aber nur eine Methode zum Anbauen von Zierkürbissen in ihren »zahlreichen unterschiedlichen und einzigartigen Formen, Größen, Farben, Streifen und Mustern«. Unsere Ahnen haben sie »an hohen, festen Stangen« wachsen lassen, wenn sie in den Monaten Juli, August und September am ansprechendsten aussahen. An Bohnenstangen nämlich. Ich will wohl glauben, daß sie im Küchengarten wirklich ansprechend und überhaupt überraschend gewirkt haben.

Nach einer angemessenen Pause möchte ich mir nun gestatten, wieder auf den Rittersporn zu sprechen zu kommen, vor allem, weil jetzt der Zeitpunkt näher rückt, zu dem er in der sich langsam erwärmenden Frühlingserde zu blühen beginnt und die Raupen die zarten grünen Keimlinge noch vor uns bemerken. Sie hätten ihre Spitzen schon längst mit grober Asche bedecken sollen, aber besser spät als nie. Wir müssen uns und unsere Pflanzen, die sich selber nicht verteidigen können, vor den Verheerungen dessen schützen, was der französische Dichter Paul Valéry so zärtlich *Tout ce merveilleux petit monde qui fait de l'opposition* genannt hat.

Das mag alles gut und schön sein, und eine solche Meinung steht einem Dichter natürlich gut zu Gesicht, aber auch Dichter müssen praktisch vorgehen, wenn sie einen Garten haben wollen, der diesen Namen verdient. Und wir müssen uns von den Raupen befreien. Wir können uns da keine Sentimentalität erlauben. Kaum haben wir Raupentod ausgestreut, schon zeigen sich die allerersten blauen oder cremeweißen Keime. Sie müssen dann ausgedünnt werden, jede Pflanze darf nur drei oder vier Sporne behalten, wenn wir eine vorzeigbare Anpflanzung und keinen bloßen Wald von Grünzeug haben wollen. Dann müssen sie gestützt werden, und das ist ein kniffliges Problem. Sollen wir für jeden Sporn einen Bambusstock nehmen, oder sollen wir fünfzehn Zentimeter hohe Erbsenschlingen um die ganze Gruppe stellen? Ich ziehe die letztere Methode vor, aber dabei besteht das Risiko, daß bei einem plötzlichen Sommersturm die schweren Köpfe durch ihr eigenes Gewicht abgeknickt werden. Sie sollten also noch zusätzliche Stöcke anbringen und jeden Kopf einzeln daran befestigen, das macht zusätzliche Arbeit, sorgt jedoch für Sicherheit.

Wenn Sie Ihren Pflanzenvorrat erweitern wollen, dann sind dieser und der nächste Monat dafür ein guter Zeitpunkt. Sie können die alten Pflanzen jetzt ausgraben und vorsichtig in Einzelteile mit starken Wurzeln und jungen Trieben aufteilen. Ich meine damit junge grüne Triebe, die schon um die zehn Zentimeter hoch sind. Es empfiehlt sich normalerweise nicht, eine krautartige Pflanze zu stören, die sich schon auf den Sommer vorbereitet, aber der Rittersporn scheint solche Behandlung zu genießen. Werfen Sie alles Tote oder Verwelkte weg. Der Boden sollte reich sein: Er sollte, wenn Sie welchen auftreiben können, organischen Dünger enthalten, oder Kompost und ein wenig Knochenmehl, das ist vermutlich das beste und sicherste aller Düngemittel, ein Nahrungsmittel, kein Cocktail.

Der Rittersporn ist eine äußerst genügsame Pflanze. Er wächst in fast jeder Art von Boden, ob er nun leicht ist oder schwer, und immer wird er auf irgendeine Weise sein Bestes geben; er erwartet jedoch gute Behandlung, und wer tut das schließlich nicht? Hier heißt es nicht »die Bestie füttern«, sondern »die Schönheit füttern«.

Der neue kleine Garten ist bisweilen ein ziemliches Problem. Sein Besitzer oder Pächter möchte normalerweise sofort irgendeine Wirkung erzielen, und das ist natürlich verständlich, aber für den Garten ist es nicht gut, und gute Gartenarbeit verlangt endlose Geduld. Ich habe vor kurzem ein Foto eines Hintergartens in einer Stadt oder vielleicht auch einer Neubausiedlung gesehen, das eine wirklich bezaubernde Lösung zeigte.

In der Mitte des Grundstücks befand sich eine Rasenfläche, an dessen einer Seite ein Pfad verlief, der am Ende der Rasenfläche eine Kurve bildete, um Zugang zur Hintertür des Hauses zu gewähren. Das klingt vielleicht ganz alltäglich, aber interessant war das Aussehen dieses schmalen Pfades. Er bestand aus fünf Streifen, die beiden äußeren, von denen jeder vielleicht sechzig Zentimeter breit war, waren mit Nelken, Stiefmütterchen und ähnlichen niedrigen, büschelweise wachsenden Pflanzen eng besetzt. Dazwischen lagen zwei gepflasterte Streifen, belegt mit einigermaßen regelmäßig angeordneten Platten aus Stein oder vielleicht auch selbstgegossenem Beton. In der Mitte wurden diese beiden Streifen von einem weiteren Blumenbeet getrennt, es war schmaler als die äußeren und vielleicht nur dreißig Zentimeter breit. Auch in diesem Streifen standen niedrigwüchsige Blumen dicht an dicht. Ich konnte Steinkraut, hier und dort ein Büschel Grasnelken und auch Einjährige erkennen, bei denen es sich vermutlich um Leberbalsam (*Ageratum*) und Eisenkraut (*Verbena*) handelte, dazu der Zwergphlox *drummondii* und vielleicht Nemesien, um ein bißchen Höhe zu geben. Es soll einfach einen munteren Anblick bieten, und die ganze Wirkung läßt sich schlicht und schnell mit einem

Dutzend Samentüten herstellen, wir haben dann eine Art geraden Fluß voller leuchtender Farben. Wenn erst der Plattenweg angelegt und finanziert worden ist und wenn die Beete erst gegraben und mit gutem Boden angereichert worden sind, ist es bestimmt einfach genug, den Garten jedes Jahr zum Blühen zu bringen.

Manchmal erbt oder erwirbt jemand ein altes Wohnhaus oder ein Cottage, zu dem ein Weiher oder sogar die Überreste eines Wallgrabens gehört. Ein solches Grundstück ist vermutlich äußerst pittoresk, und der glückliche Besitzer möchte das Beste daraus machen. Nehmen wir nun an, kein früherer Besitzer habe sich um die passende Bepflanzung gekümmert und das Wasser zu einem schrecklichen Chaos von unwillkommenem Unkraut verkommen lassen.

Eine Wasserfläche kann einen Garten wirklich prägen und bedeutet für den Gärtner eine seltene Gelegenheit. Er kann *im* Wasser, *neben* dem Wasser und sogar *auf* dem Wasser anpflanzen – ein dreifaches Vergnügen, viel angenehmer als das Ausfüllen von Dokumenten in dreifacher Ausfertigung. Ich will mich erst dem widmen, was in und auf dem Wasser gepflanzt werden kann, und mir die höhere Randbepflanzung für die nächste Woche aufheben.

Natürlich denken wir als erstes an Seerosen; und abgesehen von den weißen und unseren einheimischen gelben gibt es rosa, rote und blaßgelbe Hybriden. Etwa vierzig Zentimeter Wassertiefe und genügend Sonne sind eine brauchbare Faustregel. Meistens werden die Pflanzen in einem alten Korb hinuntergelassen, sie schlagen durch den Korb hindurch auf dem Weihergrund Wurzeln; aber sie können auch an zwei Grassoden befestigt und damit versenkt werden (die richtige Seite nach oben drehen!) Ende Mai oder Anfang Juni ist dafür die richtige Zeit. Wenn Ihnen die Seerosenblätter für einen kleinen Weiher zu groß vorkommen, dann sollten Sie zur Wasserähre, *Aponogeton*, greifen, mit den kleinen weißen, schwimmenden Blüten. Auch die *Pontederia cordata*, das Hechtkraut, das aussieht wie eine blaßblaue Gartenlilie, ist ein guter Tip. Im seichten Wasser in Ufernähe erweist sich unsere einheimische gelbe Schwertlilie als dekorativ und zuverlässig; die Blumenbinse *Butomus umbellatus* ist ein pfeilförmiges, etwa einen Meter hohes Gewächs mit rosenroten Blüten; sie sieht exotisch aus, wächst in Großbritannien jedoch wild. *Sagittaria*, das echte Pfeilkraut, mit seinen weißen Blüten paßt gut zu dieser recht stacheligen Versammlung.

Als ein wenig niedrigeres Gewächs für das sumpfige Ufer kann das Sumpfvergißmeinnicht *Myosotis scorpioides*, das ein wenig blasser ist als die Gartenvarianten, für chinablaue Farbtöne sorgen. Die Sumpfdotterblume wächst in Sonne und Schatten zugleich, was wirklich ein sehr schöner Zug von ihr ist.

Schließlich könnten wirklich Mutige noch mit der gewöhnlichen weißen Gartenlilie experimentieren, der Schmucklilie, die einen durchschnittlichen südenglischen Winter überleben müßte, wenn sie tief genug gepflanzt wird. Aber wenn Sie im Wasser und unter freiem Himmel pflanzen wollen, dann ist die *Calla palustris*, die Sumpfkalla, eine weniger riskante Investition.

Vor vielen Jahren konnte ich einmal im persischen Hochgebirge einige Samenhülsen einer Mimose an mich bringen, die dort aus unerfindlichen Gründen mehr als fünfzehnhundert Meter über dem Meeresspiegel und mehrere hundert Kilometer vom nächstgelegenen Garten wuchs, aus dem sie sonst möglicherweise entsprungen sein könnte. Ich will gar nicht erst versuchen zu erklären, wie sie dort hingelangt ist, in diese kalte, steinige, verschneite, trostlose Gegend; ich weiß nur, daß sie dort wuchs und daß ich ihren Samen mit nach Hause nahm und daß jetzt in meinem Garten ein Baum wächst, daß eine Vase auf meinem Tisch steht und nicht nach Schnee duftet, sondern nach dem warmen Süden.

Ich halte sie allerdings für eine *Acacia dealbata* und somit nicht für eine echte Mimose; aber sie hat so große Ähnlichkeit mit den »Mimosen« genannten Gewächsen im Blumenladen oder an der französischen Riviera, daß wir bei diesem Namen bleiben können. Botaniker werden mir jetzt vielleicht mitteilen, daß es sich wohl eher um eine *Albizia julibrissin* handelt, den Seidenbaum, eine in Persien heimische Pflanze, während Mimosen aus Australien stammen, was ihr Auftauchen im Elbursgebirge nur noch geheimnisvoller macht; ich bin aber ganz sicher, daß es keine *Albizia* ist.

Diese ganze Rede soll nur zu meinem Rat überleiten, daß unternehmungslustige Gärtner in Südengland es durchaus wagen sollten, eine solche Pflanze in eine geschützte Ecke zu setzen. Natürlich wäre ein großes Gewächshaus viel besser, aber heutzutage verfügen nur noch die wenigsten über große Gewächshäuser. Eine solche Pflanze würde vielleicht einen so schrecklichen Winter wie den des Jahres 1947 nicht unbeschadet überstehen, aber meinem Baum hat der Frost bisher noch kein Haar gekrümmt, und die Stelle, an der ich ihn gefunden habe, war karger und stürmischer als alles, was wir hierzulande bieten können. Wir wickeln den Stamm und die unteren Zweige in Sackleinen, und damit hat sich's. Um noch mehr Sicherheit zu erzielen, könnten die Zweige fächerweise an der Mauer befestigt werden, aber damit muß man sehr früh anfangen. Ich sollte vielleicht noch hinzufügen, daß eine hohe Mauer unseren Baum von Norden her schützt und daß er nach Süden hin gepflanzt worden ist. Ich sollte auch noch erwähnen, daß man keine Zweige schneiden sollte, solange die Blüten sich noch nicht geöffnet haben, in der Hoffnung, daß sie sich im Wasser dann öffnen; manche Wesen tun uns nicht alle Gefallen, und dieses ist ganz offenbar eins davon. Sie müssen geduldig warten, bis die Blütendolden so flauschig und gelb sind wie Entenküken.

Mein persisches Gewächs ist auch als Topfblume ganz bezaubernd, bis es dann zu groß ist und in einen Kübel oder gleich in den Garten umziehen muß.

Ich bin um einen Artikel über duftende Blumen im Garten und im Gewächshaus gebeten worden. Was für ein wunderbares Thema, und warum bin ich nicht schon selber auf diese Idee gekommen? So oft zerbreche ich mir den Kopf darüber, was ich als nächstes behandeln soll, und dann fällt ein so schöner Vorschlag geradewegs vom Himmel!

Ich muß mir zuerst den Garten vornehmen und das Gewächshaus für später aufbewahren. Wir alle haben Gärten, aber nicht alle haben auch Gewächshäuser. Als erstes ist über Düfte unter freiem Himmel zu sagen, daß nur relativ wenige Pflanzen so stark duften, daß wir im Vorübergehen neugierig zu schnuppern beginnen. Die meisten riechen gut, wenn wir unsere Nase hineinstecken oder sie in ein warmes Zimmer stellen, aber hier geht es um Gerüche, die uns wirklich auffallen, wenn wir einen Gartenweg entlangschlendern. Ich schlage in diesem Sinne vor:

- eine Kante aus Polsternelken
- eine Hecke aus hybriden Moschusrosen, vor allem *Penelope*
- einige Sträucher der Rugosa-Rose *Blanc de Coubert*
- Azaleen
- eine Hecke mit *Rosa eglanteria*
- die Balsampappel, wenn sie jung ihre stacheligen Blätter entfaltet
- *Lilium auratum*, als Luxus

Ich weiß, daß jetzt alle anderer Meinung sind und gerne andere Vorschläge machen wollen. Bestimmt wird mir ausgiebig vorgehalten werden, was ich alles vergessen habe, denn im Bereich der fünf Sinne ist der Geruchssinn (und der damit verwandte Geschmackssinn) doch sehr umstritten. Manche Menschen riechen gern Phlox: Mich erinnert dieser Geruch an Schweinekoben, nicht daß ich Schweinekoben nicht leiden könnte, ich bin schließlich auf dem Land geboren und an Schweinekoben gewöhnt. Vieles hängt auch von der Aufmerksamkeit der betreffenden Nase ab, außerdem geben nicht alle duftenden Pflanzen ihren Duft gleichzeitig ab. Das kann von der Temperatur, vom Feuchtigkeitsgrad der Luft und sogar von der Tageszeit abhängen. Diese Launenhaftigkeit macht den Geruch vielleicht noch kostbarer. Wir schnappen vielleicht ganz unerwartet einen Duft auf, wenn wir an einem Winterblüten-Strauch oder einer Zaubernuß vorbeikommen, die wir eine Stunde früher nicht wahrgenommen hätten, vielleicht gibt auch die kleine *Azara microphylia* gerade einen Vanillegeruch ab. Und der Duft des von Sonne beschienenen Buchsbaums oder seiner Zweige, wenn wir sie zertreten. Und der eines Beetes mit angewärmtem Goldlack. Und die in der Nacht duftende Levkoje, diese unscheinbare Einjährige, die erst nach der Dämmerung zu ihrem Recht kommt.

Aber vielleicht ist nichts mit den Waldwiesen unserer einheimischen Glockenblume zu vergleichen: rauchigblau wie ein Freudenfeuer im Herbst, von schwerem Duft wie eine Sommerrose und doch so jung wie ihre Jahreszeit, der Frühling.

Mit derselben Post sind zwei weitere Briefe gekommen. Der eine bittet mich, über Show-Aurikeln zu schreiben, der andere bittet um einen Artikel über die altmodischen Primeln, die gefüllten, die doppelwändigen usw. »Falls Sie diese Pflanzen leiden mögen.« Ob ich sie leiden kann? Keine Frage, ich liebe sie und wünschte, sie erwiderten meine Zuneigung.

Ich werde meine Antworten auf diese beiden Briefe auf zwei getrennte Artikel verteilen müssen. Zuerst kommen die altmodischen Primeln an die Reihe. Ich finde es unbeschreiblich schwer, sie an meinem Wohnort in Kent in Südwest-England anzupflanzen. Angeblich fühlen sie sich im warmen, feuchten Klima Irlands und an der Westküste Schottlands wohl, wo der geheimnisvolle Einfluß des Golfstroms dahinkriecht wie eine unsichtbare Form von Zentralheizung. Es wäre lustig, die Hände ins Wasser zu tauchen oder an einer bestimmten Stelle die Finger durch den Ozean zu ziehen und festzustellen, daß das Wasser spürbar wärmer wird, aber ich glaube nicht, daß das möglich ist.

Wir erinnern uns an die langen Reihen von doppelten Primeln, die in alten Küchengärten die Beete einfaßten, oft unter Spalieren mit Äpfeln und Birnen – eine bezaubernde Kombination. Die Obstblüte findet zum selben Zeitpunkt statt wie die dieser wunderschönen Blumen. »Fänden wir sie nicht im Garten jeder Landfrau, dann würden wir sie höher achten«, schreibt im Jahre 1665 John Rea. Niemand scheint sich je um sie gekümmert zu haben, aber sie blühten in Büscheln von der Größe eines dicken Salatkopfes und blühten jedes Jahr malvenfarben, lila oder weiß. Doch wo sind sie jetzt? Dem Kultivator und der Hackfräse zum Opfer gefallen? Und warum sind sie heutzutage so heikel, wenn wir ein seltenes Mal zu einem beträchtlichen Preis von einem der wenigen Züchter, die sie noch im Angebot haben, einige wenige Setzlinge beziehen können? Ich habe immer wieder Züchter um ihren Rat gebeten und kann hier nur die allgemein vertretene Einschätzung wiedergeben.

Sie sind gierig. Darüber sind alle einer Meinung. Vielleicht waren sie deshalb mit dem immer neu angereicherten Boden der Küchengärten so zufrieden?

Sie möchten vor heißer Sonne geschützt werden.

Sie mögen es feucht; nicht triefnaß, aber so viel Feuchtigkeit, daß ihre Köpfe nicht schlaff herunterhängen.

Sie müssen jedes Jahr nach dem Blühen vereinzelt wer-

den, am besten Ende Juni oder Anfang Juli. Andere Züchter allerdings machen das lieber erst im Herbst.

Uneinigkeit herrscht über die Beschaffenheit des Bodens, in dem sie gepflanzt werden sollten. Ein Züchter empfiehlt Lehm. Ein anderer lockere, humusreiche Lauberde. In diesem Punkt müssen wir uns also selber entscheiden, doch wir dürfen nie vergessen, sie mit Nahrung in Form von Kompost, organischem Dünger oder Knochenmehl so unablässig vollzustopfen, wie es die Pflegeeltern von jungen Kuckuckskindern tun.

Die Nostalgie hat auch ein neues Interesse für altmodische Blumen mit sich gebracht: für gefleckte Nelken, gefüllte Primeln, gefranste Tulpen, die doppelte Studentennelke. Vielleicht haben wir es aber nicht nur mit der Sehnsucht nach einer Zeit zu tun, die wir, ob nun zu Recht oder zu Unrecht, für glücklicher als unsere eigene halten, da sie auf jeden Fall weniger hektisch war, sondern auch mit einer natürlichen Reaktion auf die übertriebenen Blüten, die uns heute angeboten werden: Quantität statt Qualität – wer will schon eine tellergroße Begonie?

Unter den vielen Pflanzen, die jetzt wieder zu Ansehen kommen, findet auch die Aurikel ihr Plätzchen. Ich spreche hier nicht über die Aurikel, die unter freiem Himmel wächst, die alpine Aurikel, die wir so oft in Cottage-Gärten finden, sondern über die Abart, die normalerweise Show-Aurikel genannt wird, die im Haus oder unter Glas gepflanzt werden muß, nicht weil sie nicht zäh genug wäre, sondern weil der Regen ihren Puder (*farina*) abwäscht und ihr dadurch ihre sauberes Aussehen nimmt. Diese Blume kann es sich einfach nicht leisten, einen schlampigen Eindruck zu machen. Weil sie die adretteste und unverwechselbarste Blumensorte ist, muß sie sich so sorgfältig putzen, wie eine Katze das macht, wenn sie vor dem Kamin liegt. Und wenn sie das darf, dann wird sie in April und Mai Blüten produzieren, die schlichte Bescheidenheit und extreme Verfeinerung miteinander verbinden. Grau, grün, weiß mit grünem Rand, scharlachrot mit grünem Rand, gelb mit grauem Rand, es gibt sehr viele Variationen. Die alten Züchter stellten ihre Töpfe in terrassenförmig abgestufte Regale, die manchmal ein kleines selbstgemachtes Theater darstellten, bei dem die Landschaft als Hintergrund gemalt war.

Nur wenige unter uns haben genug Zeit, sich auf so charmante Weise die Zeit zu vertreiben, aber auf jeden Fall können wir uns einen an der Wand befestigten Halter mit vier oder fünf Brettern gönnen, die uns jeder geschickte Schreiner aus überzähligen Holzstücken machen kann.

Aber nun zu den praktischen Fragen der Aurikelzucht. Sie als Pflanzen zu kaufen ist ziemlich teuer, es kostet dagegen nicht viel, von einer guten Firma eine Packung Samen zu beziehen. Säen Sie sie im April in einer Schale mit fein gesiebtem Boden, und bedecken Sie die Samen nur wenig. Das ist wichtig: Wenn sie zu tief begraben werden, werden sie nicht keimen. Stecken Sie die Setzlinge dann in winzige Töpfchen, und bringen Sie diese in einen Zwölf-Zentimeter-Topf, nie in einen großen. Sie sollten immer kühl stehen und niemals der heißen Sonne ausgesetzt werden.

Ich habe gerade erst einen *Metasequoia glyptostroboides* gepflanzt. Falls dieser Name nicht gerade vertraut klingt, sollte ich vielleicht erklären, daß es sich um einen Baum handelt, dessen Entdeckung zu den romantischen Geschichten der Pflanzenkunde gehört. Dieser Baum war schon seit einiger Zeit als ins Mesozoikum datierbares Fossil bekannt, das, wenn ich richtig informiert bin, vor zweihundert Millionen Jahren stattgefunden hat, aber da niemals ein lebendiges Exemplar gesichtet worden war, gingen die Botaniker davon aus, daß es ungefähr zur selben Zeit ausgestorben war wie seine Zeitgenossen, die Riesenechsen. Wir können uns deshalb vorstellen, wie überrascht Mr. T. Wang war, als im Jahre 1946 in einem abgelegenen Tal in Nordwest-Sezuan drei seltsame Koniferen entdeckt wurden. Ihre Blätter entsprachen den fossilen Überresten. Weitere Untersuchungen führten in derselben Gegend zu verstreut stehenden ähnlichen Bäumen; zumeist in sumpfigem Boden in der Nähe von Gewässern; ihre Samen keimten sehr rasch, und deshalb kann dieser außergewöhnliche Überlebende aus einer unvorstellbar weit zurückliegenden Zeit jetzt für kommende Generationen von Europäern und Amerikanern als sicher erhalten gelten.

Vermutlich werden sich nicht viele Besitzer kleiner Gärten versucht fühlen, den Urwaldmammutbaum zu pflanzen, denn seine Endhöhe von über vierzig Metern kann ebenso einschüchternd wirken wie sein Name. Aber da in einigen Parks und auch manchen Privatgärten schon junge Exemplare zu sehen sind, sollte ich sie beschreiben, damit Sie eine *Metasequoia* auch erkennen können, wenn Sie einer über den Weg laufen. Blaßgrün und federartig in Frühling und Sommer, im Herbst dann hellrosa, ein umwerfender Anblick, wenn das Sonnenlicht darauf fällt. Meine eigene, mit einem winzigen Setzling, der mir einmal geschenkt wurde, gemachte Erfahrung zeigt, daß er sehr schnell wächst, in einem Jahr bis zu einem Meter, vor allem, wenn er an einer feuchten Stelle gepflanzt wird, wie er das liebt.

Als ich nach einem zweimonatigen Auslandsaufenthalt wieder nach Hause kam, fand ich in der inzwischen aufgehäuften Post so allerlei Interessantes. Deshalb wird dieser Artikel ein wenig zusammenhanglos aus einigen auserwählten Briefstellen zusammengebaut.

Die aufregendste Nachricht war, daß hierzulande nun Klettererdbeeren erhältlich sind. Leser meiner Gartennotizen erinnern sich vielleicht, daß ich im letzten Jahr eine seltsame neue Pflanze beschrieben habe, die über drei Meter groß wird und an einem Pfahl oder einem Gitter wachsen sollte, die von ihren Züchtern auf dem Festland jedoch so eifersüchtig gehütet wurde, daß jeglicher Export verboten war. Wer sich in der Schweiz, in Deutschland oder Frankreich ein Exemplar kaufte, mußte sein Ehrenwort geben, es nicht auszuführen. Jetzt ist das endlich erlaubt. Diese Pflanzen sind teuer, und kein Kunde bekommt mehr als fünf, deshalb sollten Sie sofort beim einzigen Importeur, Messr. Baker, Codsall, Wolverhampton, eine Bestellung aufgeben.

Diese »Sonjana« genannte Klettererdbeere lohnt für den unternehmungslustigen Gärtner wirklich den Versuch. Ihre Vorzüge liegen auf der Hand: Sie muß nicht mit Stroh bestreut werden, wir trampeln nach dem Regen nicht durch

Lehm, es gibt keine kriechenden Raupen, und wir brauchen uns beim Pflücken nicht zu bücken. Und außerdem sieht sie hübsch aus und und liefert angeblich von Juni bis Oktober Früchte.

Die nächste außergewöhnlich interessante Mitteilung in meinen Briefen drehte sich um die Schwierigkeit, von Ablegern Seidelbast zu ziehen. Ich hatte in einem Artikel behauptet, daß Seidelbast wie auch Rhododendron diese Art der Vermehrung nicht schätzen. Empörte Briefe informierten mich über große Erfolge; doch mir ist aufgefallen, daß dabei ausnahmslos von *Daphne odora* die Rede ist. Mit keinem Wort wurden *Daphne mezereum* oder *tangutica* oder *retusa* oder *collina* erwähnt; ganz zu schweigen von der seltenen und wunderschönen chinesischen *D. genkwa*, die sich bekanntlich allen normalen Vermehrungsmethoden widersetzt. *D. odora* und ihre Variante *Odora variegata* scheinen sich also zum Ableger zu eignen, bei ihren übrigen Verwandten ist das offenbar nicht der Fall.

Ich muß noch hinzufügen, daß in einem Brief ein bezaubernder Vorschlag wiederholt wurde. Sein Absender hatte in einem Cottage-Garten eine *D. odora* gesehen und sich erkundigt, ob sie von einem Ableger herstamme. Der Gartenbesitzer konnte das bejahen, wies aber darauf hin, daß Ableger nur an vier Tagen im Jahr genommen werden dürfen, zwischen dem 26. und dem 30. August. Ich frage mich, woher solche volkstümlichen Überzeugungen stammen und wie sie überleben. Manchmal scheinen sie durchaus einen wahren Kern zu haben, bestimmte Samen sollte man wirklich nur bei zunehmendem oder abnehmendem Mond aussäen.

Wo hier schon vom Säen die Rede ist, so ist vielleicht nicht allgemein bekannt, daß im März gesäter Rittersporn im Spätsommer reichlich blüht und daß es Anfang April bereits zu spät ist, vom ausgewachsenen Rittersporn Ableger zu nehmen. Am besten schlägt er Wurzeln in sehr lockerem Boden.

Ein sehr ansprechender kleiner Busch oder kleiner Baum, den wir in Gärten nicht oft sehen, blüht schon seit Mitte März. Er macht nicht viel von sich her, und die meisten gehen wohl achtlos vorüber, falls sie seinen Duft nicht aufschnappen. Denn der enthält das reinste Vanillearoma.

Die Rede ist von *Azara microphylla*.

Ich neige eigentlich dazu, ihn nur Gärtnern zu empfehlen, die etwas haben wollen, das ihr Nachbar vermutlich nicht hat; aber schließlich schreibe ich meine Artikel für genau solche Gärtner. Für Gärtner, die sich etwas Außergewöhnliches wünschen, das aber trotzdem leicht anzupflanzen ist. Das ist bei *Azara microphylla* der Fall. Es ist eine immergrüne Pflanze, seine hübschen glänzenden Blättlein sehen aus wie lackiert; und er hat winzige gelbe Blüten, die ihren Duft jetzt über meinem Schreibtisch und in meinem ganzen Zimmer verbreiten. Ich schnuppere nur noch. Und beim Schreiben umweht mich das Vanillearoma.

Azara microphylla kommt ursprünglich aus Südamerika, aus Chile. Einige Fachleute behaupten, er könne in Großbritannien nur das günstige Klima von Devon oder Cornwall ertragen. Das glaube ich aber nicht. Er gedeiht auch hier bei mir in Kent, und ich habe im eher kühleren Klima von Gloucestershire einen über sechs Meter hohen Baum gesehen. Mein Rat ist also: Lassen Sie es darauf ankommen, und pflanzen Sie!

Dieser Baum fühlt sich in Lauberde wohl. Der Schutz einer Nord-, Ost- oder Westmauer bietet sich an; die Morgensonne sollte ihn nach einer Frostnacht nicht sofort erreichen können. Daran sollten wir immer bei Frost ausgesetzten Pflanzen denken, für die die warme Morgensonne nach der kalten Nacht oft einen zu argen Schock bedeutet. Pflanzen müssen sich langsam umstellen können, es darf keinen zu abrupten Übergang geben.

Ein weiterer empfehlenswerter Strauch ist *Osmanthus delavayi*, auch Duftblüte genannt. Wie *Azara microphylla* hat er dunkelgrüne, buchsbaumähnliche Blätter und statt gelber weiße, duftende Blumen. Er blüht im März und April, und wir können ihn beschneiden, soviel wir wollen, je mehr er beschnitten wird, um so besser wächst er. Er hat die Aufmerksamkeit von Gärtnern, die sich etwas Außergewöhnliches wünschen, wirklich verdient.

Wie bezaubernd und wie raffiniert sind doch diese frühblühenden Sträucher! Wir sind alle daran gewöhnt, jedes Jahr in den Gärten Osterglocken zu sehen, aber nur wenige unter uns kommen auf den Gedanken, unsere englische Luft mit Vanille des *Azara microphylla* oder dem Duft des *Osmanthus* anzureichern, den Father Davy vor etwa sechzig Jahren in Yünan entdeckt hat.

Ich möchte mich bei dieser Gelegenheit bei allen bedanken, die mir geschrieben haben, daß sich hinter dem Namen Baumprimel kein esoterischeres Geschöpf versteckt als unsere alte Freundin, die Nachtkerze *Oenothera biennis*. Das hätte ich mir eigentlich denken können. Wie dumm man doch sein kann. Ich bin einfach nicht auf diese Idee gekommen.

Auf jeden Fall möchte ich, wo jetzt schon von Nachtkerzen die Rede ist, diese Pflanze allen empfehlen, die nichts dagegen haben, wenn etwas sich überall aussät, ob es nun erwünscht ist oder nicht. Wir können die unerwünschten Setzlinge immer noch herausziehen und die erwünschten ihrem Wachstum überlassen. Die Nachtkerze ist eine überaus fähige Selbstsäerin, sie gedeiht in Sonne und Schatten, sie macht sich nützlich als Sommerkante oder im wilden Garten, sie wird etwa einen Meter hoch und produziert viele Wochen hindurch eine Generation blaßgelber Blüten nach der anderen, sie ist unordentlich und schlampig und für einen alten Cottage-Garten wie geschaffen.

Die Rede ist hier von der häufigst auftretenden Nachtkerzenart, die zweijährlich blüht, doch weil die selbstgesäten Setzlinge dermaßen großzügig blühen, brauchen wir uns über das nächste Jahr niemals Sorgen zu machen. *Oe. perennis* sieht ihr sehr ähnlich, wird jedoch nicht ganz so groß. Es gibt außerdem noch Zwergarten, die für sehr warme, trockene Stellen im Steingarten geeignet sind, die zuverlässigste ist vielleicht *Oe. missouriensis*, eine blaßgelbe Nachtkerze, die manchmal auch *macrocarpa* genannt wird. Auch sie blüht zweijährlich und kann von jetzt an gesät werden, um dann Ende des Sommers einen Schwung neuer Setzlinge zu liefern. Sie ist von ausschweifender Art und hat zwischen ihren graugrünen Blättern von Juli bis Oktober immer wieder große gelbe Blüten. Sie macht sich sehr gut, wenn sie über einen großen grauen Felsen kriecht.

Meine Bemerkungen über Gloxinien (*Sinningia speciosa*) vor einigen Wochen haben mir mehrere Briefe eingetragen. Ich würde gern zwei der unterhaltsameren Vorschläge weiterreichen.

Eine Briefschreiberin aus Deutschland teilt mit, daß sie abgefallene Blütenblätter auf die grünen Blätter legt, wo sie noch »zwei Wochen lang frisch bleiben und der Pflanze mehr Farbe geben, als sie ohne die abgefallenen Blütenblätter hätte«. Eine andere Briefschreiberin erzählt, daß sie ihre Gloxinien in »diesen großen Cognacschwenkern, mit sechsunddreißig Zentimeter Umfang und zwanzig Zentimetern Durchmesser« pflanzt, die sie über Nacht mit einem Glasteller bedeckt. Das schützt die Pflanzen vor Zug und Rauch aus dem Kamin.

Auf was für Ideen manche Leute doch kommen! Was für ein Vorschlag, Gloxinien in einem Cognacschwenker anzubauen!

Noch einmal zurück zu den Show-Aurikeln. Ich spreche hier nicht von den unter freiem Himmel wachsenden Primeln des Cottage-Gartens, sondern von ihren aristokratischeren, intellektuelleren Verwandten, die unter Glas gezogen werden müssen, damit unser rauhes Wetter ihre Anmut nicht molestiert. Mir gefällt dieses obsolete Wort »molestieren«, es bedeutet verletzen, beschädigen, verderben oder auch entstellen und verzerren. Ich bringe gern alte Wörter wieder in Umlauf.

Und dieses Wort läßt sich vor allem auf die Show-Aurikel anwenden, die recht ausdauernd ist, aber vor dem Regen geschützt werden muß, der aus ihrem mehlig-weißen Puder sonst ein breiiges Chaos machen würde. Das reine Weiß der mehligen *farina* ist ein wichtiger Wesenszug der Show-Aurikel, sie verliert ihre ganze Schönheit, wenn dieses Weiß

verdorben wird. Die Pflanzen brauchen jedoch nicht verwöhnt zu werden; ein unbeheiztes, gut durchlüftetes Gewächshaus reicht schon, und wenn sie verblüht sind, können sie ins Freie verpflanzt werden, ihre Töpfe sollten geschützt vor der heißen Sonne bis zum Rand in Sand oder gesiebte Asche gestellt werden.

Ich habe schon angedeutet, daß die Show-Aurikel zu den intellektuellen Pflanzen gehört, und Sie würden mir sicher zustimmen, wenn Sie die viele Literatur gelesen hätten, die sich mit dieser Pflanze und den Problemen Mendelscher Rezession, den Formen von Augen und Feldern und dem unerwünschten weißen Auge befaßt. Nicht alle werden sich über solche Feinheiten den Kopf zerbrechen wollen, sondern diese schöne bunte Pflanze in irgendeiner Farbe und Gestalt anpflanzen.

Die diversen Varianten sind recht teuer, lassen sich aber leicht aus Samen ziehen, und ein Schwung Setzlinge bringt immer ein interessantes Ergebnis. Es ist übrigens eine erstaunliche Tatsache, daß der charakteristische rüschenähnliche Rand, der zu den Blütenblättern zu gehören scheint, in Wirklichkeit ein Blatt für sich ist.

Im 18. und 19. Jahrhundert, als die leidenschaftliche Liebe zu Aurikeln der früheren zu Tulpen gleichkam, vor allem, was ich ziemlich rührend finde, unter den Bergarbeitern und Baumwollspinnern in Lancashire, hatten alle Züchter ihre eigenen Vorstellungen über die richtige Erde. Gänsedung und Maulwurfshügel fanden gleichermaßen ihre Verteidiger. Heute wird John-Innes-Kompost befürwortet: Zwei Teile sterilisierter und gesiebter Lehm, drei Teile Torf, zwei Teile Sand, ein wenig zerstoßene Kohle und auf einen Scheffel ca. 30 Gramm Huf und Horn. Umgetopft werden sollte im Juni, nehmen Sie keinen zu großen Topf, und stellen Sie die Töpfe in den Schatten, bis die Setzlinge neue Wurzeln geschlagen haben.

Wenn wir bedenken, was ich über die mehlige *farina* gesagt habe, dann brauche ich wohl nicht mehr hinzuzufügen, daß die Pflanzen sehr vorsichtig begossen werden müssen, aus einer Tülle, nicht aus einer Rosette. Sie müssen gegossen werden, denn sie dürfen in ihrem Glaspalast niemals austrocknen. Das bedeutet bei Dauerfrost ein Problem, schließlich könnte die Erde im Topf über Nacht gefrieren, wenn sie tagsüber durch das Gießen zu feucht geworden ist. Die einzige Lösung ist, wenn sie ein elendes Exemplar, das den Kopf hängen läßt, wirklich zu einem so unangebrachten Zeitpunkt gießen müssen, es vorübergehend an eine geschützte Stelle zu bringen, wo die grimmigen Klauen des Frosts ihm nichts anhaben können.

Ich glaube nicht, in irgendeinem Artikel je den Namen *Billbergia* erwähnt zu haben. Wie konnte ich sie vergessen! Es ist eine sehr angenehme Pflanze für ein kaltes Gewächshaus oder sogar für ein Zimmer im Haus, denn sie ist so zäh, daß wir sie wirklich nur vor Frost schützen müssen. Sie wird bisweilen als »normale Cottage-Fensterpflanze« beschrieben, ich muß jedoch zugeben, daß ich sie noch nie auf einer Cottage-Fensterbank gesehen habe. Und das sollte doch heutzutage, wo so viele ihre Pflanzen im Haus ziehen, Empfehlung genug sein.

Wie sie aussieht? Schwer zu beschreiben. Wenn ich sie mit

botanischen Begriffen beschreiben wollte, dann müßte ich ihre Blüten als zygomorph bezeichnen und darauf hinweisen, daß ihre Staubblätter auf dem Grund der Blütenhülle befestigt sind, aber was für ein Bild würde ich damit vermitteln? Nein, da sage ich doch lieber, daß sie eher aussieht wie der Traum eines verrückten Juweliers denn wie eine Blume, nämlich wie ein unendlich langes Ohrgehänge mit einer phantastischen Farbkombination: hellrosa Stengel und Deckblätter, mit einem zwölf Zentimeter langen Gebammel in Grün, Blau, Rosa und Gelb, etwas, das am Kopfputz einer balinesischen Tänzerin oder an den Ohrläppchen einer Schönheit auf einer persischen Miniatur hängen sollte. Doch selbst dieser dilettantische Beschreibungsversuch des Zimmerhafers kann Ihnen das richtige Bild nicht vor Augen führen. Hilft die Information, daß diese Pflanze zur stacheligen Ananas-Familie gehört?

Am leichtesten ist *Billbergia nutans* zu ziehen. Es gibt andere Varianten, einige haben sogar noch hinreißendere Namen, wie die *Billbergia zebrina* mit ihren Zebrastreifen, aber *nutans* ist unter allen die zuverlässigste Blüherin; sie hat mich noch nie enttäuscht und blüht jedes Jahr von März bis April auf großzügigste Weise. Wenn Sie sie vermehren wollen, dann sollten Sie sie nach der Blüte in Rosetten zerbrechen, die dann neu getopft werden können, während Sie die alten wegwerfen. Sie können auch die gesamte Pflanze mit frischer, eher leichter und gut drainierter Erde in einen größeren Topf pflanzen. Auf diese Weise kann eine einzige Pflanze an die zwei Dutzend ihrer seltsamen hängenden Blüten produzieren. Die Heimat der Billbergien ist das ganze weite Gebiet zwischen Brasilien und Mexiko.

Ich experimentiere liebend gern. Meistens geht alles schief, aber ich kann der Versuchung nicht widerstehen. Deshalb habe ich Samen einer raschen einjährigen Kletterpflanze bestellt, offenbar handelt es sich um eine nahe Verwandte unserer alten Freundin, der *Ipomaea*, Heavenly Blue oder Morning Glory. Ihr richtiger Name lautet *Convolvulus tricolor*, der Beschreibung nach variieren die Blüten der Prachtwinde im Laufe eines einzigen Tages zwischen zartrosa-orange und hellrot-rosa. Ich habe gelernt, solchen Beschreibungen zu mißtrauen, und im Grunde hat der Spitzname dieses Geschöpfs, der Herzen und Honig lautet, mich zu meiner Bestellung veranlaßt. Und diese Entscheidung habe ich nicht bereut. Es ist ein hübsches Ding, kleine fette Blüten, ungefähr so groß wie eine mittelgroße Münze.

Für den wahren Pflanzenliebhaber gibt es nur wenige wertvollere Schätze als die, die er selber gesammelt hat, am liebsten während eines Auslandsaufenthaltes. Ich weiß nur zu gut, wie wichtig mir die wenigen Überlebenden sind, die Ableger, die ich zwischen feuchten Schwämmen im Toilettenbeutel transportierte, oder die Zwiebeln, die ich in die Spitze eines Schuhs gestopft nach Hause schaffen konnte. Die fremde Erde, die ich noch immer spürte, als ich diese Schuhe das nächste Mal anzog, machte nicht den geringsten Teil meines Vergnügens aus, ist sie doch ein Teil von Persien, Frankreich, Italien oder Spanien. Die Überlebenden dieser Expeditionen sind mir lieber als alles, was ich für bares Geld bei einem Züchter hätte bestellen können. Und wo nun Ostern näher rückt und der ein oder andere vielleicht vorhat, sein Geld auf dem anderen Ufer des Kanals auszugeben, möchte ich ein warnendes Wort anbringen.

Ich habe erst kürzlich eine ganze Serie von ekstatischen Briefen eines Griechenlandreisenden erhalten. »Wenn Sie sie doch nur sehen könnten«, schrieb er, »die mit Anemonen, Narzissen, Iris, Jonquillen, Cyclamen bewachsenen Hänge ... ich grabe alles mit dem Pflanzenheber aus, den ich umsichtigerweise mitgenommen habe. Könnten Sie wohl beim Landwirtschaftsministerium in Erfahrung bringen, welche Erlaubnis ich brauche, um Zwiebeln und Knollen mit nach England zu nehmen? Es würde mir das Herz brechen, wenn ich sie am Ende alle in den Hafen von Dover werfen müßte.«

Das Landwirtschaftsministerium machte keinerlei Schwierigkeiten und schickte postwendend die Erlaubnis, unter der Bedingung, wie es hieß, daß besagte Zwiebeln und Knollen privat und nicht zu Geschäftszwecken genutzt werden sollten; mit anderen Worten, daß der Ausgräber sie für seinen eigenen Garten bestimmt hatte. Man wies aber auch darauf hin, daß strenggenommen eine solche Erlaubnis bereits vor der Abreise aus England hätte eingeholt werden müssen. (Zukünftige Pflanzensammler, bitte, merken Sie sich diese wichtige Bestimmung!)

Aber nun kommt doch noch das dicke Ende. Mein Griechenlandreisender, der kein Schmuggler ist, hatte durchaus bedacht, daß es Schwierigkeiten machen könnte, seine Paketchen durch den englischen Zoll zu bringen. Womit er nicht gerechnet hatte, war die Tatsache, daß die italienische Dogana sich einmischen würde, als er auf der Rückfahrt in Brindisi eintraf, und daß seine griechischen Zwiebeln deshalb nicht im Hafen von Dover enden sollten, sondern in der Adria.

Die Moral dieses Artikels ist: Wenn Sie ins Ausland reisen und von dort Pflanzen mit nach Hause bringen möchten, dann informieren Sie sich über die Bestimmungen in allen Länden, nicht nur bei Ihnen zu Hause.

Die rote Zierjohannisbeere, *Ribes sanguineum*, sehen wir oft in Cottage-Gärten, wo sie manchmal wie eine Hecke geschnitten ist – und sie bildet dann eine sehr dichte, hübsche Hecke, die um diese Jahreszeit mit rosa Blüten übersät ist. Ein ausgesprochen zuverlässiger Strauch, der niemals ein Jahr ausläßt und nur ein Minimum an Pflege oder Fürsorge verlangt, doch gerade deshalb steht er nicht in allzu hohem Ansehen, und es gibt sogar Leute, die das ein wenig schmuddelige Rosa der einzelnen Blüte verachten; solche Menschen, deren Ansicht ich durchaus teile, sollten sich nicht mit dem Originaltypus, der 1826 aus dem Westen der Vereinigten Staaten zu uns gekommen ist, zufriedengeben, sondern sich die Varianten *splendens* und *King Edward VII* zulegen, die beide viel leuchtendere Farben aufweisen und ansonsten ebenso umgänglich sind.

Ich nehme an, daß die meisten wissen, daß man im Januar Johannisbeerzweige schneiden kann, die man dann im Haus in einen Eimer Wasser stellt und die im März in einem so reinen Weiß erblühen, wie wir das sonst nur von wilden Kirschen kennen.

Es gibt jedoch noch weniger häufig auftretende *Ribes*. Dazu gehört *Ribes speciosum*, die ich nur mit einer stacheligen Fuchsie vergleichen kann. So widerspenstig und stachelig wie die Stachelbeere, erblüht dieser kalifornische Strauch im April und Mai mit einer großen Menge winziger roter, fuchsienhafter Blüten, die wie kleine Quastenreihen von ihren rötlichen jungen Trieben hängen. Wenn wir diese Triebe an einer Mauer befestigen, dann richten sie sich waagerecht in einer Länge von bis zu vierzig Zentimetern aus, und das sieht ganz reizend aus, vor allem, wenn sie so gepflanzt werden, daß das Sonnenlicht auf die Triebe fällt und sie in die fast blutrote Transparenz eines Granaten oder eines vor starkem Licht gesehenen Hundeohres verwandelt. Sie benötigen keine Mauer zum Schutz, es sei denn, Sie leben in einer sehr kalten Gegend, denn sie wachsen ebenso bereitwillig als einzeln stehender Busch; doch zweifellos bilden sie eine sehr dekorative Wandbedeckung, und Sie werden feststellen, daß Menschen, die sie noch nie gesehen haben, sich wirklich den Kopf darüber zerbrechen, was das nun für ein Gewächs sein kann.

Es gibt auch noch *Ribes aureum*, das in einem alten Katalog als Büffel-Johannisbeere des Wilden Westens auftaucht. Hier sind die Blüten gelb und haben für alle Nelkenliebhaber den Vorzug, daß sie diesen würzigen Geruch abgeben; außerdem verfärben sich die Blätter im Herbst zu feinem Gold.

Ich finde es immer interessant und amüsant, Menschen zu beobachten, die durch fremde Gärten wandern. Wir können sie in zwei Gruppen einteilen. Es gibt die Augen und die Nicht-Augen. Die Augen gehen langsam, sie sehen sich alles an, registrieren alles, lesen Schildchen, machen sich Notizen, denn normalerweise haben sie ein Notizbuch bei sich, in das sie mit stumpfem Bleistift Eintragungen machen, die sie zu Hause dann nicht mehr entziffern können.

Die Nicht-Augen trotten blindlings durch die Gegend. Sie haben nur den vagen Eindruck, sich in einem fremden Garten zu befinden, es ist zweifellos ein sehr hübscher Garten, denken sie, schließlich haben sie Eintritt bezahlt, deshalb wollen sie so lange wie möglich bleiben und den Besuch so sehr genießen wie nur möglich. Aber ist der Genuß wirklich so groß, wenn sie nicht wissen, wie sie hinschauen müssen? Blumen, Design, Layout zu betrachten ist eine Kunst, die wir erst lernen müssen, wenn wir nicht mit einem natürlichen Talent dazu auf die Welt gekommen sind, und je mehr wir über diese Kunst wissen, um so größer wird unser Genuß sein.

Es ist eine Kunst, die wir uns durch Praxis aneignen können, und deshalb möchte ich allen raten, die Möglichkeiten zu nutzen, die die vielen Hunderte von privaten Parks bieten, die jetzt der Öffentlichkeit zugänglich sind. Es ist eine ungeheuer gute Gelegenheit, um zu sehen und zu lernen, zu genießen und zu profitieren. Das National Gardens Scheme (Hatchlands Park, East Clandon, Surrey, GU4 7RT) weist für England und Wales über tausend solcher Parks und Gärten auf, für Schottland sind es über zweihundert. Es gibt alles zwischen großen berühmten Parks und kleinen bescheidenen Gärten, Sie brauchen sich nur noch zu entscheiden.

Vor Jahren habe ich an dieser Stelle einen Thymiangarten beschrieben, eine schlichte und eigentlich auf der Hand liegende Idee, die überraschend populär wurde. Alpine Gärten dagegen habe ich meines Wissens noch nicht behandelt. Wer das Glück gehabt hat, über die hohen Alpenweiden der Schweiz, Französisch-Savoyens oder der österreichischen Dolomiten zu wandern, wird mich verstehen. In dieser klaren, reinen Luft zieren die Blumen das Gras und kuscheln sich an den natürlichen Ausläufern grauer Felsen an, sie umgeben die raschen, schmalen Bäche, die silbrig glänzend wie Elritzen aus ihren Quellen entspringen; sie bewegen sich im Bergwind und drücken sich aus Selbsterhaltungstrieb zum Schutz vor Gebirgsstürmen gegen den Boden.

Wir können eine dermaßen majestätische Szenerie natürlich nicht liefern, aber auf unsere bescheidene Weise können wir durchaus in einem englischen Garten ein Stück Alpinwiese wiedergeben. Ideal dafür sind die kleinen Ausläufer eines Steingartens. Wir müssen unsere Alpinwiese so dicht wie möglich wachsen lassen, sie so dicht weben wie einen Teppich oder Gobelin. Wir können kein Gras als Grundlage nehmen, wenn wir nicht bereit sind, es mit der Nagelschere zu schneiden. Ich schlage deshalb andere dichte Deckpflanzen vor: Kletterthymian, Minze, gelbes Steinkraut, Kamille, blauen Ehrenpreis, alles, was kriecht und krabbelt und zu einer groben grauen Decke wird, die sich in der richtigen Jahreszeit mit munteren kleinen Blumen schmückt. Wenn bei Ihnen der im Frühling blühende Enzian *acaulis* gedeiht, um so besser; er bildet normalerweise eine dicke grüne Matte, auch wenn er nicht blüht, und eine dicke grüne Matte ist unerläßlich. Auch die silbrige *Raoulia australis* bildet eine solche Matte, sie neigt jedoch dazu, wie eine mottenzerfressene Matte auszusehen. Ich hätte auch nichts gegen einige, diskret verteilte Aubrietien einzuwenden oder gegen wilde

Veilchen, die an Alpenveilchen oder unsere einheimische Glockenblume erinnern.

Fast immer stellt sich die Frage der Feuchtigkeit. Ein solches unterirdisches Netz aus kleinen gierigen Wurzeln saugt im Erdreich jeden Tropfen auf. Bei echten Alpenwiesen gibt es viele kleine Quellen, der Boden ist manchmal sogar dort, wo Steinbrech wächst, ein wenig sumpfig, aber in England können wir normalerweise nicht mit solchem Segen rechnen. Ein guter Ersatz für eine natürliche Quelle oder einen Bach ist der Schlauch, der Schlangen-Irrigator genannt wird. Wie der Name schon sagt, läßt er sich in jede Richtung drehen, und da er aus porösem Leinwandstoff besteht, gibt er langsam, und ohne es zu verschwenden, sein Wasser ab. Ich habe mir gerade erst einen zugelegt und bin sehr angetan davon, denn anders als andere Neuerrungenschaften leistet er genau das, was die Werbung verheißt.

Wenn ich an die scheußlichsten Wochen des vergangenen, ungeliebten Winters zurückdenke, dann versuche ich, voller Dankbarkeit an die Dinge zu denken, die mir Freude gemacht haben, als draußen alles grau und farblos und kalt war. Ich konnte in einem unbeheizten Gewächshaus in einem Regal oder Gestell Platz schaffen und ihn von Neujahr bis Ostern mit winzigen, leuchtenden Pflanzen füllen. Ihre leuchtenden Farben bildeten einen Kontrast zum Schnee und zum bleigrauen Himmel: Ich hatte das Gefühl, eine Voliere mit tropischen Vögeln oder Schmetterlingen zu betreten, und doch waren sie alle pflegeleicht und weder eigen noch tiefgründig. Es handelte sich einfach um einige Schalen mit frühen Krokussen, um einen Topf *Cyclamen coum*, der dermaßen heftig blühte, daß ich dachte, diese Großzügigkeit müsse seinen Tod bedeuten; um eine Schüssel mit aus dem Garten ausgegrabenen Traubenhyazinthen, um einige unmittelbar vor dem Blühen hochgenommene Schneeglöckchen, um Steinbrech, der sich zu winzigen, stecknadelkopfgroßen Blüten öffnete, die sich an die dichten graugrünen Rosetten ihrer Unterblätter anklammern, um einige frühblühende Narzissen und Jonquillen, um einen Topf mit der schönen rosa Kamelie *Donation*, um die frühen Primeln *frondosa marginata* und *Linda Pope*, um einen Topf duftenden Seidelbast *collina* und *tangutica* und um die früheste und tapferste von allen, um die winzige himmelblaue *Iris histrioides major*, die ich allen empfehlen möchte, ob sie nun im Garten steht oder im Haus. Sie macht sich auch in einem Alpinbecken ganz ideal.

Stücke von grauem Granit oder Kalkstein heben die Farben und die Zartheit der Pflanzen noch beträchtlich hervor.

Der große Vorteil, diese kleinen Dinger unter Glas zu ziehen, ist, daß das Wetter, das nur zu oft die Blütenblätter zerreißt und verdreckt, ihnen dort nichts anhaben kann. Außerdem erleben wir dabei oft wunderschöne Überraschungen. Das ist mir passiert. Im Herbst hatte ich einige achtzehn Zentimeter hohe *Iris pumila* aufgeteilt und einige überschüssige Wurzelstöcke in flachen Schalen ins Regal gestellt. Geheimnisvolle Setzlinge kamen zum Vorschein, bei denen es sich offenbar nicht um Unkraut handelte; ich überließ sie sich selber, und sie entwickelten sich zu kräftigen kleinen Pflanzen, die ich für *Huntercombe purple*, das Hornveilchen halte; die Samen müssen untätig in der Erde gelegen haben. Sie blühten zur selben Zeit wie die Iris und bildeten eine hübsche, wenn auch ungewöhnliche Kombination, ihre Farbe glich fast der der dunkleren Variante der *Iris atropurpurea* und war ein ebenso guter Hintergrund für die blaßblaue *Iris coerula*. Solche schlichten Ereignisse machen eine ungeheuer große Freude. Ich habe den beunruhigenden Verdacht, daß geplante Versuche oft nicht halb so befriedigend enden. Die Natur hat manchmal eben weitaus bessere Ideen als wir.

Die große weiße *Magnolia denudata* oder *Yulan* öffnete die Blüten auf ihren blattlosen Zweigen am Karsamstag und bot vor dem blaßblauen Aprilhimmel einen großartigen Anblick. Das kalte Wetter, das wir in diesem Jahr in Februar und März ertragen hatten, schien ihr nur recht gewesen zu sein, denn wärmeres Wetter in dieser Zeit beschleunigt die Blüte, und die Blüten werden dann nur zu oft von ihren beiden Feinden Frost und Wind beschädigt. Ich frage mich oft, warum dieser schönste aller blühenden Bäume nicht häufiger gepflanzt wird. Er wächst recht schnell und kann schließlich eine Höhe von sieben bis elf Metern erreichen. Anders als andere Magnolien wie *kobus* und *campbellii* blüht er schon in jungem Alter. Er ist mit jedem guten Gartenlehm zufrieden, vor allem, wenn noch ein wenig verrottete Lauberde dazugegeben werden kann. Am besten pflanzt man ihn im April oder Mai, und man darf niemals vergessen, daß er Dürre erst überleben kann, wenn er auf Dauer Wurzeln geschlagen hat. Wenn er sich in seinem neuen Zuhause erst richtig niedergelassen hat, kann er sich selber überlassen werden. Stellen Sie ihn nicht in eine Frostnische oder an eine Stelle, wo er nach einer Frostnacht warmen Sonnenstrahlen ausgesetzt ist; der Schutz einer

Nord- oder Westmauer ist vermutlich der beste Standort, aber auch im Schutz von Sträuchern macht er sich gut.

Dieser würdevolle und anmutige Baum findet sich seit 1789 in unseren Gärten, damals wurde er von einem der Sammler, die Sir Joseph Banks, dieser aufgeklärte Mäzen der Botaniker, finanzierte, aus China mitgebracht. In China ist er schon sehr viel länger bekannt, seit an die dreizehnhundert Jahren nämlich, während der er neben Tempeln und im Garten des Sommerpalastes zu sehen war. Vermutlich macht ihm auch in seiner Heimat der Frost zu schaffen; Frost bedeutet den Ruin für die kommende Blüte, und wer zu wenig Platz hat, um dieses Risiko eingehen zu mögen, sollte lieber die später blühende *Magnolia soulangeana* (deren Weiß nicht ganz so rein ist, denn die Blütenblätter sind außen rosa oder lila gesprenkelt) oder die *Magnolia lennei* anpflanzen, die strahlend rosa ist, deren große Kelchgläser jedoch wunderschön sind und die nur selten vom Frost befallen wird, falls sie nicht Ende April oder Mitte Mai an den Festtagen der boshaften drei Eisheiligen ganz besonderes Pech hat.

Im letzten Monat wurde ein weiterer großer englischer Park in Besitz und Obhut des National Trust übergeben. Die Rede ist hier von Nymans bei Handcross in East Sussex. Die *Eucryphien* von Nyman sind berühmt, diese weiß und golden blühenden Spätsommerbüsche.

Nur wenige von uns können einen Großvater vorweisen, der damals in den 1870er Jahren über ausreichendes Wissen verfügte und sich die Mühe machte, für die Nachkommenschaft zu pflanzen, und der noch dazu einen Sohn hatte, der diese Tradition fortsetzte. Wir verdanken es der Großzügigkeit dieses Sohnes, des verstorbenen Colonel Messel, und seiner Familie, daß wir jetzt die Früchte ihrer liebevollen Bemühungen genießen dürfen. Der Eröffnungstag des Parks fiel zu früh, um die wahren Schätze von Nymans zu ihrem Recht kommen zu lassen, die Kamelien, die Magnolien, den Rhododendron und den grenzenlosen Reichtum an seltenen Sträuchern und Bäumen. Ich könnte mir vorstellen, daß sie im April, Mai und Juni am besten zur Geltung kommen. Wir können durch den Besuch in einem solchen Park so viel lernen; er bedeutet eine Abkürzung auf dem Weg zu schwer errungenem Wissen. Ich bedauere es so sehr, daß ich vor dreißig Jahren nicht Vernunft und Verstand genug hatte, um mir anzusehen, was andere geleistet und gepflanzt hatten, sondern daß ich in meiner Ignoranz einen Fehler nach dem anderen machte und auf diese Weise wertvolle Jahre verlor, die sich nie wieder aufholen lassen.

Aber solche Klagen helfen uns nicht weiter, und deshalb möchte ich nun von etwas erzählen, das ich an diesem ziemlich düsteren Tag im März in Nymans gesehen habe, etwas, das wir alle im kommenden Herbst in der Gewißheit pflanzen können, daß es im nächsten Frühling sofort seine Wirkung entfalten wird. Sie wissen doch, wie perfekt sich Osterglocken im Gras machen? Es mag sich um einen naheliegenden und nicht besonders originellen Platz für Osterglocken handeln, aber es interessiert mich nicht, wie naheliegend und wie wenig originell irgendeine Art des Pflanzens ist, wenn sie nur Auge und Pflanze gleichermaßen behagt. Gras und Osterglocken scheinen in der Kombination von Grün und Gelb von der Vorsehung füreinander bestimmt zu sein. In Nymans, in einem halbwilden, mit Gras bewachsenen Teil des Parks, standen nicht nur Osterglocken, sondern auch ein gelber Hundszahn, *Erythronium tuolumnense*. Dieser Hundszahn ist golden wie eine Osterglocke und glänzt wie eine Butterblume. Er bringt eine entzückende Abwechslung von der Osterglocke und ist nicht unerschwinglich teuer.

Der Park von Nymans ist von März bis Oktober Mittwoch bis Sonntag von 11 bis 19°° geöffnet.

Zur Zeit wird von den Behörden ein Plan entwickelt, der für das zukünftige Aussehen unseres Landes von ziemlichem Einfluß sein wird. Die Rede ist hier von dem Plan, in städtischen Gegenden und an Haupt- und Nebenstraßen auf dem Lande Bäume und Hecken zu pflanzen. Es ist eine befriedigende Vorstellung, daß wir zwar einerseits eifrig unsere Wald- und Heckengegenden zerstören, daß aber andererseits ein aufmerksames Ministerium örtliche Behörden und Komitees mit Leitfäden versieht; mit Leitfäden, die im ganzen vernünftig und sogar phantasievoll aufgestellt worden sind und die das berücksichtigen, was Ministerien zweifellos als der Landschaft angemessene Ausdrucksmittel bezeichnen, während wir anderen in unserer Einfalt weiterhin starrköpfig von Schönheit reden.

Es ist ermutigend, daß wir neben naheliegenden Empfehlungen wie Platane, Birke, Linde, Esche, Sykomore, Roßkastanie, Buche und Pappel, inklusive der duftenden Balsampappel, auch die Wild- oder Vogelkirsche finden, diese Braut des Frühlings, oder den Weißwurz, dessen Unterblatt sich in der Brise silbrigschimmernd bewegt; den Tulpenbaum mit

seinen seltsamen grüngelben Blüten, den Trompetenbaum, dessen Blüten wie eine Mischung aus gesprenkeltem Fingerhut und einer Miniaturorchidee wirken, den Ginkgo oder Frauenhaar und die Robinien oder Scheinakazien, vor allem deren blaßrosa Variante *Decaisneana*, die uns so viel weniger vertraut ist als die weiße.

Diese vielen Vorschläge zeigen mehr Phantasie und größere Rücksichtnahme, als wir das sonst von den offiziellen Stellen in Whitehall gewöhnt sind. Wenn wir das Rundschreiben Nr. 24 durchsehen, dann entdecken wir erfreut und voller Zustimmung, daß auch die Herbstfarben bedacht worden sind und daß die Eberesche mit ihrem hellen Gold ebenso erwähnt wird wie der kleine *Liquidambar*, der Amberbaum, dessen botanischer Name ausnahmsweise einmal wirklich deskriptiv ist.

Erst wenn wir zu den Bäumen kommen, die die meisten als relativ kleine blütentragende Bäume bezeichnen würden, denen gern die gefährliche Vorsilbe Zier- zugeordnet wird, gerät unser Vertrauen in die Weisheit der Behörden ins Schwanken. Es ist so leicht und so trügerisch, sich über eine Neueinführung zu begeistern, wenn wir sie zum ersten Mal sehen. Der Anblick der goldenen Fülle des Goldregens muß auf unsere viktorianischen Vorfahren so berauschend gewirkt haben wie das Glas Champagner, das sie sich ein seltenes Mal gönnten. Heute jedoch leidet der Goldregen unter der Assoziation »billig«. Er hat noch immer seine ursprüngliche Schönheit, aber er ist jetzt zu häufig zu sehen, ist zu allgegenwärtig, um für uns eine erfreuliche Überraschung sein zu können.

Wir sollten aber in solchen Fällen nicht in gärtnerischen

Snobismus verfallen, finde ich. Allgegenwart muß nicht in jedem Fall das Gegenteil von Schönheit bedeuten. Ich möchte jedoch gleichzeitig darauf hinweisen, daß das, was wir gemeinhin als »Augenschmaus« bezeichnen, nicht immer viele Jahre überlebt. Der populäre Geschmack, der leicht getroffen wird, kann rasch in schlechten Geschmack umschlagen oder zumindest von wählerischen Geistern abgelehnt werden. Wir möchten unsere neuen Landstraßen und Neubausiedlungen nicht mit dem schreienden Rosa bepflanzt sehen, das früher einmal unseren groben Geschmack getroffen hat.

Voller Bedauern beobachte ich zum Beispiel, daß eine Variante der japanischen Zierkirsche, die *Hisakura*, ganz besonders empfohlen wird. Warum? Wenn das Ministerium hier von der echten *Hisakura* redet, dann gut und schön, aber ich habe den Verdacht, daß die lokalen Behörden sich statt dessen die grauenhaft vulgäre *Kanzan* bestellen werden, die so stark und grob ist, daß sie sich alsbald wie eine anstekkende Krankheit ausbreiten wird.

Aber verlassen wir nun diese hohen Temperaturen und reden wir von etwas Kühlerem – betrachten wir die weniger auffällig blühenden Bäume, die besser als so ein »Augenschmaus« den Test von Zeit und Geschmack überleben sollten. Das Ministerium empfiehlt zu Recht die gewöhnliche Mandel und einige japanische Kirschen wie *yedoensis*, *sargentii* und *lannesiana erecta*, die mit ihren pappelähnlichen, parallel aufragenden Zweigen besonders gut für den Straßenrand geeignet zu sein scheinen. Nicht erwähnt werden jedoch andere noch schönere Varianten wie *Tai-Haku*, die große weiße Kirsche, oder die grünliche *Ukon*, oder die *Mount Fuji*, die in Japan von der Kunst geliebt wird, oder die weiße kanadische Felsenbirne *Amelanchier canadensis*.

Dagegen kann natürlich eingewandt werden, daß die meisten Menschen leuchtendes Rosa mögen – »so fröhlich« – und daß wir den Beweis für diese Behauptung in zahllosen Vorortgärten finden; doch diese privaten Aktivitäten sollten ausreichen, sie brauchen nicht durch weitere von der öffentlichen Hand geförderte Initiativen ermutigt zu werden. Wir möchten darauf hinweisen, daß es zu den Pflichten der von der Regierung beschäftigen Berater gehört, auf sanfte Weise den Geschmack des Publikums (und den der lokalen Behörden) in wünschenswertere Bahnen umzulenken.

Wir haben schon gesehen, daß irgendwer in Whitehall ziemlich weitgehend weiß, worüber er redet: Könnte er nicht einen Schritt weitergehen und einige unserer bedeutenden Gärtner, ob es sich nun um Liebhaber oder Profis handelt, zur ehrenamtlichen Beratung hinzuziehen? In diesem Land der Gärten und der Gartenliebhaber hat es nie größere Möglichkeiten gegeben; es wäre doch traurig, wenn unsere Straßen und Landschaften, unsere neuen Städte, unsere Neubausiedlungen jetzt ganz offiziell mit der Art von Bäumen bepflanzt werden sollten, die den Begonien und Pantoffelblumen so vieler Parkanlagen entsprechen.

Nun ein paar Worte zum Thema Frühling. Ich hatte damit gerechnet, daß die Osterglocken enttäuschen würden, nachdem sie sich im letzten Jahr von ihrer prachtvollsten Seite gezeigt hatten, aber obwohl einige Büschel blütenlos geblieben sind, ist die Mehrzahl, die zuerst drohte auf verkümmerten Stengeln zu blühen, beim ersten Regen plötzlich in die Höhe geschossen und nun so stark und groß, wie wir uns das nur wünschen können.

Nun nehmen Sie bitte nicht an, ich wüßte mehr über Osterglocken als der durchschnittliche Gartenliebhaber, das ist nämlich nicht der Fall. Es ist ein sehr komplizierter Bereich, und ich habe nie auch nur den Versuch unternommen, darin zur Meisterschaft zu gelangen. Wie Tausende meiner Landsleute reicht es mir, jedes Jahr im Gras einige zusätzliche Zwiebeln zu verbuddeln und aufs Beste zu hoffen; das ist eine elementäre Gärtnereimethode, aber auch eine der befriedigendsten. Ich pflanze meine Osterglocken in einem Obstgarten, unter alten Apfelbäumen: keine besonders originelle Idee, aber so unwiderstehlich hübsch, daß ihr wohl kein Gärtner widerstehen könnte. Die flachgesichtigen Narzissen und die Trompeten-Osterglocken stehen dort bunt durcheinander. Ich weiß, ich sollte sie *narcissi* nennen, aber das alte Wort *Osterglocke* läßt sich nun einmal nicht ausrotten, und wir können es getrost den Profis überlassen, die Grenze zwischen Flachgesichtigen und Trompeten zu ziehen.

Unter den gelben Trompeten gilt meine Treue *Fortune*, *Carlton*, *Golden Harvest*, *King Alfred* und sogar der alten *Winter Gold*. Von den ganz weißen Trompeten erscheint mir weiterhin *Beersheba* als die Beste, zumal sie nicht allzu teuer ist. Auch *Tunis*, eine cremeweiße, ist zu empfehlen. *John Evelyn*, weiß und gelb, vermehrt sich so rasch, daß ich kaum damit hinterherkomme, Zwiebelballen auszugraben, wenn die Blätter gelb werden, und sie in der Nachbarschaft des ersten, vor Jahren gekauften Dutzends wieder einzupflanzen, und jedes Jahr liefert *John Evelyn* zuverlässig ein ganzes Blütenmeer. Von den flachgesichtigen gefällt mir *Medusa* mit ihrem süßen Duft; unter den Sorten mit den dicken Köpfen mag ich *Cheerfulness*, *Abundance* und *Soleil d'Or*, die unsere englischen Gärtner, die kein Französisch sprechen, auf so bezaubernde Weise als »Sally Door« anglisiert haben: Dieser Name deutet ein Blütenbüschel an, das in einem Cottage-Garten wächst, so als könne jeden Moment Sally mit ihrem Sonnenhut und einem Eimer in der Hand aus der Tür treten.

Einer der hübschesten und pflegeleichtesten der im Frühling Blüten tragenden Sträucher ist zweifellos *Spirea arguta*, plastischer übersetzt mit Brautkranz oder Maischaum. In warmen Jahren schäumt dieses Gewächs oft schon im April, und wir können hier wirklich von »Schäumen« reden, denn jeder seiner schwarzen Zweige ist dicht an dicht mit unzähligen winzigen weißen Blüten besetzt. Wirklich, wir können den Strauch vor lauter Blüten nicht sehen.

Er fühlt sich in der Sonne wohl; ist mit jedem anständigen Lehm zufrieden, hat auch nichts gegen eine Prise Kalk im Boden einzuwenden, bildet einen oben abgerundeten Busch von etwa zwei Meter Höhe und kann durch Ableger vergrößert werden. Es gibt eine frühere Variante namens *Spirea thunbergii*, deren Blätter angeblich im Herbst eine wunderschöne Färbung annehmen.

Es liegt auf der Hand, daß das reine Weiß der Blüten sich vor dem dunklen Hintergrund einer Eibenhecke oder überhaupt irgendeines dunklen Strauchs, wenn Eiben nicht aufzutreiben sind, am besten machen würde. Ich kann mir jedoch vorstellen, daß es auch sehr gut zur japanischen Zierkirsche *Tai-Haku* passen würde, deren riesige weiße Blütenblätter sich zur selben Zeit entfalten. In der Dämmerung gibt es einen Moment, wenn die weißen Pflanzen eine ganz besondere geisterhafte Blässe annehmen. Ich möchte behaupten, daß Weiß, diese neutrale Färbung, die gemeinhin als Fehlen von Farbe aufgefaßt wird, für Lichtveränderungen ebenso empfänglich ist wie Blau, Rot oder Lila. Weiß verlangt vielleicht ein geduldig beobachtendes Auge, das an weniger schroffe Unterschiede gewöhnt ist, als wir sie zum Beispiel von den krautartigen Phloxarten her kennen, die auf wunderbare Weise ihre Farbe ändern, wenn das Abendlicht sich über sie senkt. Ich liebe Farben und schwelge darin, aber auch Weiß erscheint mir als unendlich lieblich.

Die eisgrünen Schattierungen, die es in bestimmtem Licht zeigen kann, in der Dämmerung oder im Mondlicht, vor allem im Mondlicht, verwandeln den Garten in einen Traum, in eine märchenhafte Vision, und doch wissen wir, daß nichts daran unwirklich ist, denn wir haben es nur um dieser Wirkung willen so gepflanzt.

Und wenn schon um dieser Wirkung willen gepflanzt werden soll, dann dürfen wir die Zierkirsche *Pandora* nicht vergessen. Sie ist einfach wunderschön! Ein Wolkenbausch, ein Hauch von Tüll. Wenn ein junger Baum überhaupt jungfräulich aussehen kann, dann tritt *Prunus Pandora* aus ihrem Stamm hervor wie eine Debütantin in ihrem ersten Ballkleid.

Nun aber einige Worte zum Lob der berühmten Parks. Es ist durchaus manchmal bekömmlich, die eigenen kleinen Pflanzereien zu verlassen und die ehrgeizigen Versuche der Vergangenheit zu betrachten, die jetzt ihre Reife erlangt haben. Sie mögen Neid erwecken, aber auf jeden Fall zerstören sie jegliche Selbstzufriedenheit. Und damit nicht genug, der Anblick solcher Errungenschaften ist durchaus nicht entmutigend, sondern wird für uns zum Ansporn zu weiteren Anstrengungen. Wir sehen ja schließlich, daß diese Anstrengungen sich bezahlt machen.

Ich bin vor kurzem zwei Tage durch einige der großen Parks in Cornwall gewandert. Gewaltige Kamelienbüschel, *reticula*, *saluenensis*, *Donckelaeri*, *J.C. Williams*; aufragende Magnolien, die ihre weißen oder rosa Köpfe vor dem weichen dunkelgrünen Hintergrund der Kiefer *Pinus radiata* heben; enorme Ballen von blutroten oder orangefarbenen, in der Sonne aufflammenden Berberitzen; flauschige gelbe Mimosen vor weißgekalkten Mauern; Rhododendron so groß wie eine Hütte; die blaue Steinsame, *Lithodora*, über grauen Felsen – diese ganzen Gewächse standen in voller Blüte, während andere weitere Schönheiten verhießen: pyramidenhaft aufgebaute *Eucryphien*, *Embrothium*, das sich jeden Moment scharlachrot entfalten kann, *Davidien*, die Taubenbäume, die ihre seltsamen weißen Fahnen heraushängen. Ich denke vor allem an eine Anpflanzung aus hohen Myrten mit seltsam gefleckter Rinde, sie sahen ein wenig aus wie Platanen, doch wo Platanen grau sind, waren sie hellgelb und braun, weshalb jemand nach dem Spaziergang durch diesen Hain das Gefühl hatte, zwischen Giraffenbeinen herumgewandert zu sein: *Myrtus Letchleriana*, für alle, die damit ihr Glück versuchen wollen.

Ich fürchte, für mich in Südostengland wäre das keine gute Idee, bei mir wäre an solch üppige und wildwachsende Vegetation nicht zu denken, aber ich habe doch eine mir wenig vertraute Säckelblume gesehen, die sich in einer geschützten Ecke vermutlich als ebenso zäh erweisen würde wie ihre Verwandtschaft, aber das heißt vielleicht nicht sehr viel: *Ceanothus impressus*.

Ziemliche Ähnlichkeit damit hat der hübsche pulverblaue *Ceanothus rigidus*, doch die Knospen des *impressus* hatten rötliche Einsprengsel, was sie bunter und interessanter machte. In aller Bescheidenheit werde ich damit einen Versuch machen.

Die alten weißen Freesien der Gewächshäuser sind uns schon seit langem vertraut, später kamen dann die wundervoll gefärbten Hybriden dazu, die wir einheimischen und ausländischen Züchtern verdanken, vor allem dem verstorbenen Mr. G. H. Dalrymple, der in der Nähe von Southampton lebte, und den Herren van Tunbergen bei Haarlem. Vor dem Krieg haben diese Blumen bei den Royal Horticulture Society-Ausstellungen viele verwirrt, wenn in großen Schüsseln gelbe, orange, rosa, rötliche, rote und violette Exemplare vorgeführt wurden; Wolken von leuchtenden Schmetterlingen, die wir zuerst gar nicht mit den eleganten, rein weißen Freesien in Verbindung bringen mochten. Vielleicht war ihr Duft nicht ganz so süß, aber das glich ihr dekorativer Wert rasch aus. Es war nicht schwer, sie bei gemäßigter Wärme zu ziehen, und ihre Schönheit stieg allen zu Kopf, die gerne für ihr Haus Blumen arrangierten.

Nun soll es eine neue Züchtung geben, die angeblich zäh genug für das Leben in englischen Gärten ist. Ich möchte vorsichtig sein. Ich habe vor einigen Jahren Anzeigen dafür gesehen, war aber zu skeptisch, um mir welche zu bestellen. Vor zwei Wochen jedoch schickte mir ein Freund des verstorbenen Mr. W. A. Constable, ein unter Züchtern hochgeschätzter Mann, netterweise eine Packung, auf der genau das behauptet wurde. Er teilte mir mit, es selber probiert zu haben, und fügte, was ich recht charmant fand, hinzu, er habe drei Gruppen unter einer an beiden Seiten verschlossenen Glasglocke gezogen und auf diese Weise seiner Frau am

25. November einen Strauß perfekter Blumen überreichen können, »was zufällig mein Geburtstag ist, und ich glaubte, sie auf diese Weise geschickt an diese Tatsache erinnern zu können«.

Da ich weiß, daß diese Blumen ursprünglich aus Afrika stammen, hätte ich sie eigentlich an einer ähnlichen Stelle gepflanzt wie Ixien (Klebschwertel) oder Fransenschwertel (Sparaxis), an einer trockenen kleinen Kante unter einer Südwand, wo sie im Sommer von der Sonne gebacken werden können. Das scheint aber alles falsch zu sein. Die Anweisungen auf der Packung, die unser Freund mit solchem Erfolg befolgt zu haben behauptet, empfehlen uns eine einigermaßen schattige Stelle, in die die Sonnenstrahlen möglichst nicht direkt fallen sollen, mit jeder guten Sorte von Gartenerde, feucht, aber nicht zu naß. Sie sollten von Ende April an gesetzt werden, etwa zehn bis zwölf Zentimeter tief und mit Zwischenräumen von sechs Zentimetern, während der ersten zwei oder drei Wochen sollten sie großzügig gegossen werden, sie brauchen ein paar Zweige, die ihnen Halt geben. Das hört sich nicht weiter schwer an, und ich hoffe, es wird reichen Ertrag bringen.* Ich hoffe auch, daß diese Freiluftvariante weniger anfällig für das *Mosaic* genannte Virus ist, von dem Gewächshausfreesien oft befallen werden. Das Virus ist sofort daran zu erkennen, daß die Blätter fleckig werden und dann schließlich eine kränkliche grünweiße Färbung annehmen. Es ist keinerlei Schutz gegen dieses Virus bekannt, es gibt auch keine Heilmethode. Der einzige Platz für befallene Pflanzen ist ein großes Feuer.

* Das tat es.

Es muß irgendein seltsames Grimmsches Gesetz geben, das englisch sprechende Leute dazu bringt, statt »Anemonen« »Anenomen« zu sagen, also das m und das n zu vertauschen. Auf englisch empfiehlt sich deshalb der hübsche, wenn auch unwissenschaftliche Name »Windflower« (»Windröschen«), und am heutigen Frühlingstag werde ich nun über Anemonen oder Windröschen schreiben.

Sie sind so munter, so strahlend fröhlich, so glänzend, so abwechslungsreich in ihrer Farbgebung, diese Windröschen, die aus allen möglichen Ecken der Welt zu uns gekommen sind. Für uns beginnt die Saison mit dem blauen Stern *Anemone blanda* aus Griechenland, die im März blüht; gefolgt von *A. apennina* aus Italien, ebenfalls ein Stern und von noch leuchtenderem Blau. Dann gibt es noch die bekannte doppelte oder halbdoppelte *St. Brigid*, die zu Beginn des Jahres fast überall angeboten wird, meiner Meinung nach jedoch von der *De Caen*, einer mohnroten einzelnen, um einiges und von dem Einzelstern *St. Bavo* um weites übertroffen wird. Und diese Blume möchte ich Ihnen heute ganz besonders ans Herz legen.

Ich weiß wirklich nicht, warum die *Anemone St. Bavo* nicht viel häufiger angepflanzt wird. Ein Dutzend von diesen kleinen Knollen, von denen niemand so recht weiß, wie herum sie gepflanzt werden müssen, was allerdings offenbar auch kaum eine Rolle spielt, kostet nicht viel – eben eine sehr englische Pflanze. *St. Bavo* ist eine Hybride der *Anemone coronaria* und ist in einem Farbenspektrum erhältlich, wie es nur wenige andere pflegeleichte Blumen aufweisen können. Jegliche Beschreibung der verschiedenen Farben würde sich, auf dem Papier, übertrieben anhören: weinroter Samt mit elektrischblauem Zentrum, scharlachrot mit schwarzem Zentrum, rosa oder lila mit hellbraunem Zentrum, oder eine ganz besonders raffiniert benannte und etwas teurere Variante, *Salmonea*, mit der Färbung einer reifen Aprikose im Sonnenschein. Das glaubte ich zumindest, aber als mir dann ernsthafte Zweifel kamen und ich noch einmal nachsah, stellte ich fest, daß ich mich um einiges geirrt hatte. Sie sieht eher so aus, als hätte jemand Tudorziegel zerstoßen, zu einer Paste verrührt, diese Paste lackiert und daraus spitze Blütenblätter geformt.

Ich glaube, ich werde bald mit diesen Artikeln aufhören müssen, schließlich werden sie mehr und mehr zu einer Parodie meines eigenen Stils. Der *Punch* parodiert sie seinerseits, was auf seine Weise durchaus ein Kompliment ist. Was mir aber wirklich Sorgen macht, ist, daß ich gar nicht anders schreiben kann. Ich wüßte einfach nicht, wie ich sonst zum Beispiel die im April blühende Zwergiris beschreiben sollte, und das hört sich bestimmt wie eine Parodie an und vermittelt möglicherweise ein verzerrtes Bild dieser kleinen Irissorte, von der hier die Rede sein soll.

Iris pumila und *lutescens* sind bekannt: Wir alle pflanzen sie seit Jahren, und wenn nicht, dann sollten wir damit anfangen. Ich will Sie nicht mit den botanischen Unterschieden zwischen beiden langweilen. Beim durchschnittlichen Gärtner können sie durchaus mit einem Namen auskommen. Und sie sind so schön und pflegeleicht: eine gedrungene kleine Iris, die zwischen gedrungenen kleinen Blättern zum Vorschein kommt. Sie blühen so großzügig, lassen sich so leicht aufteilen und vermehren so bereitwillig ihre Wurzelstöcke. Wer einen hat, kann daraus zwei machen, wer ein Dutzend hat, hat bald zwei Dutzend, wenn er sie zerteilt und gleich nach dem Blühen neu einpflanzt.

Aber vielen ist vielleicht nicht klar, daß es jetzt eine ganze Anzahl von unterschiedlichen kleinen Iris-Varianten gibt. Sie haben phantasievolle Namen: *Mist o'Pink*, *The Bride*, *Amber Queen*, *Orange Queen*, *Blue Lagoon*, *Burgundy*, *Mauve Mist* und noch viele andere, und alle sind wunderschön. Ihre Größe, zwischen achtzehn und vierundzwanzig Zentimeter, ist so unterschiedlich wie ihr Preis. *Mist o'Pink* ist vielleicht die teuerste, aber auch die schönste, die blaue *Cyanea* ist billig und duftet noch dazu. Ich finde den Namen *The Great Smokies* attraktiv, angeblich soll es sich dabei um eine rauchig scharlachrote Pflanze handeln, aber ich habe sie noch nie blühen sehen. Sentimentale Naturen ziehen vielleicht die gelbe *Tiny Treasure* vor.

Diese vielen winzigen Blumen können an vielen Orten gesetzt werden. Oben auf einer trockenen Mauer, im Steingarten, in Trögen oder auf einem Plattenweg, wo sie sich offenbar ganz besonders wohl fühlen, da sie ihre Wurzeln unter die kühle Decke des Steines stecken können. Auch ein erhöhtes Beet bietet sich an, aus dem die Feuchtigkeit so abfließen kann, wie sie das lieben. Sie verlangen nur eine sonnige, offene Stelle mit ausreichender Entwässerung. Manche setzen sie als breite Streifen vor irgendeine Kante, so wie man das oft mit Nelken oder Grasnelken sieht. Mir persönlich gefällt das nicht, ich finde, daß die Zartheit dieser kleinen Gewächse vor dem Hintergrund der stärkeren krautartigen Pflanzen verlorengeht; sie können sich von ihrer besten Seite zeigen, wenn sie ihren Standplatz für sich haben. Ich stelle mir allerdings vor, daß sie sehr gut zu einigen Miniatur- oder Feenrosen passen würden, bei dieser Kombination würden die Maßstäbe übereinstimmen.

Angeblich hat einst ein Mann seinen ganzen Garten mit britischen wilden Blumen bepflanzt. Er war keiner dieser gutwilligen Vandalen, die irgendwo eine Pflanze ausbuddeln, ohne eine Vorstellung davon, wann oder wo sie sie wieder einpflanzen werden, die sich nicht weiter um die Verhältnisse kümmern, unter denen diese Pflanze eingepflanzt werden möchte, und die sich bitterlich beklagen, wenn sie ihnen dann eingeht. Für solche Menschen gibt es außer ihrer Ignoranz keine Entschuldigung, aber Ignoranz läßt sich nun einmal nicht entschuldigen. Dieser Mann wußte, was er tat, und zweifellos konnte er auf diese Weise viele Pflanzen retten, die sonst verlorengegangen wären.

Derzeit gibt es Rechtfertigung genug für solche wohlüberlegten Rettungsaktionen. Unsere einheimischen Blumen sind bedroht. Intensive Landwirtschaft hat so manchen Dekar von Narzissen, Schlüsselblumen und Orchideen aufgepflügt. In der Forstwirtschaft ist so manch ein Wald zertrampelt worden, in dem früher die Maiglöckchen gediehen sind. Beim Zuschütten von Gräben wurden viele üppige Veilchen unter lehmiger Erde begraben. (Ich freue mich, erzählen zu können, daß ich sehr viele wilde Veilchen retten konnte, als ich von diesem bevorstehenden Schicksal erfuhr, sie befinden sich nun in meinem Garten in Sicherheit.) Diese ganzen Bestrebungen zur Verbesserung der Landwirtschaft waren

und sind natürlich notwendig, andere entsetzliche Pläne jedoch bedrohen jetzt unsere wilden Blumen. Angeblich sollen selektive Unkrautvertilgungsmittel zur Anwendung kommen, und vielleicht werden sie auch schon an den mit Gras bewachsenen Kanten unserer Landstraßen verwendet. Das wird zum Verschwinden vieler entzückender Pflanzen wie Mädesüß, Walderdbeere, Katzenpfötchen, Wiesenschaumkraut führen ... sie alle sind unschuldig und können sich gegen den entsetzlichen Erfindergeist des Menschen nicht wehren.

Was können wir dagegen machen? Wie können wir gegen diese chemische Zerstörung angehen? Ich wünschte, irgendwer, vielleicht ein Leser dieses Artikels, schriebe einen praktischen Leitfaden zur Rettung unserer wilden Blumen, sagte uns, wie wir einer Pflanze es ansehen können, daß ihre Samen reif sind, wie wir einer Zwiebel oder einer Wurzel es anmerken können, daß wir sie im richtigen Moment ausgraben, wie wir überhaupt unsere einheimischen Schätze retten können, die das selektive Unkrautvernichtungsmittel in seiner verwerflichen Effektivität einfach nur für Unkraut hält.

Ab und zu passieren weiterhin auch angenehme Dinge, und noch immer scheint es Tage zu geben, an denen auf wundersame Weise alles klappt, statt schiefzugehen, Raritäten, die wir voller Dankbarkeit registrieren sollten, ehe sie in Vergessenheit geraten.

Ein solcher Tag, der in einem solchen Ereignis gipfelte, ist mir kürzlich geschenkt worden. Ich hatte die Gelegenheit, etwa anderthalb Dutzend Kilometer durch Kents Obstanbaugebiet zu fahren. Die Apfelblüte war noch nicht voll in Gang, sie befand sich noch in diesem kostbaren Stadium, wo sie eher ein Versprechen ist denn eine Erfüllung. Die Apfelblüten erscheinen zu rasch als überreif, während es doch zu ihrem wahren Wesen gehört, so unbedingt jugendlich zu sein wie ein achtzehnjähriger Poet. Und so waren sie, die geschlossenen Knospen waren hold errötet und ließen die altersgrauen Bäume ebenfalls zartrosa aussehen; die geschlossenen Knospen erröteten, wie sich das für Jugend angesichts des Alters gehört, und sie wußten nur zu gut, daß sie sich innerhalb weniger Monate in herbstliche Äpfel verwandeln würden.

Aber während die Apfelblüte nur ein rosa Schleier war, in den die Obstgärten sich gehüllt hatten, so war die Kirschblüte einfach umwerfend. Sie ist niemals so üppig gewesen wie in diesem Jahr, oder so weiß, so rein weiß. Diese schwere Weiße der Kirschen, immer noch verstärkt durch die Schwärze der Zweige, wurde an diesem Nachmittag noch vertieft – wenn wir überhaupt sagen dürfen, daß Weiß vertieft werden kann – von einem zinngrauen, stürmischem Himmel im Hintergrund; und ich dachte nicht zum ersten Mal, wie vollkommen diese beiden Charakterzüge des Aprils zueinander passen: die betörende Blüte und der eigentümlich düstere Himmel, der nur eine halbe Drohung darstellt. Nur eine halbe, denn so tückisch er sich auch gebärden mag, immer wieder sehen wir an den Wolkenrändern Licht auffunkeln, sehen wir irgendwo in der Landschaft Sonnenstrahlen auf eine Kirche auftreffen. Es ist keine wahre Bedrohung, sondern eine vorübergehende, die wegen ihres dramatischen Effekts angeordnet worden ist – es handelt sich um das natürliche Original dieser seltsamsten und schönsten neuen Erfindung der Menschen, des Flutlichts.

Als ich bereichert von diesen Erlebnissen nach Hause kam, erwartete ich mir von diesem Tag keine weiteren Freuden, aber dort sah ich vor der Eingangstür einen verschlossenen Lastwagen. Ich wartete schon seit langem auf Ersatzteile zur Reparatur des Boilers, langweilig, aber notwendig, und deshalb ging ich um den Lastwagen herum und überlegte mir dabei, wie rasch die täglichen Bedürfnisse die Schönheit doch vertreiben. Mit einem Seufzer machte ich mich bereit, mir eine unschöne Sammlung von Klempnerutensilien anzusehen, von deren Bedeutung ich kein Wort verstehen würde. Aber dann trat ein lächelnder junger Mann vor mich hin und sagte, er wisse ja nicht, ob mich das interessieren könne, aber er habe dieses hier mitgebracht ... und als er das sagte, öffnete er seinen Lastwagen.

»Dieses hier« waren riesige Stiefmütterchen, Tausende und Abertausende. Das Wageninnere war wie eine farbenfrohe Schatzhöhle. Irgendeine großzügige Hand hatte Samtdecken über die Stapel aus Holzkästen geworfen. Ich sah sehr viel Lila, aber auch subtilere Farben als Lila: Bronze, Grünlich-Gelb, Weinrot, Rosenrot, alle mit ihren seltsamen Katzengesichtern aus zerknülltem Samt. Ich konnte nur noch staunen. Was für ein phantasievoller junger Mann, dachte ich, daß er mit dieser Riesenauswahl durchs Land zieht und seine Pflanzen den möglichen Käufern anbietet. Als ich ihn danach fragte, antwortete er bescheiden, er hoffte, daß niemand seinen Blumen widerstehen können werde.

Damit hatte er vermutlich recht, und ich wünsche ihm für sein Unternehmen alles Gute. Bei denen, deren Häuser nicht auf seinem Weg liegen, kann aber auch eine Samentüte ihren Zweck erfüllen, und im nächsten Frühling sollte Ihr Garten so aussehen, als bedecke ihn ein überaus kunstvoll geknüpfter Teppich aus Isfahan.

Jetzt ist vielleicht nicht die passende Jahreszeit, um über Phlox zu schreiben, denn diese Pflanze verbinden wir normalerweise mit Spätsommer und Frühherbst, aber es geht hier nicht um die krautartige Abart, *Phlox decussata*, sondern um die in April und Mai blühenden Varianten, *subulata*, *divaricata*, *stolonifera*, *adsurgens*, die alle leicht anzupflanzen sind und breite blühende Matten ergeben. Normalerweise werden sie von Züchtern in Töpfen verkauft, deshalb können sie jederzeit gesetzt werden.

Subulata sehen wir vielleicht am häufigsten, sie scheint unverwüstlich zu sein, die beliebteste Variante, *vivid*, ist dagegen nicht so genügsam wie die meisten anderen. Die blaßblaue *E. F. Wilson* gehört zu den besten Vertreterinnen der *subulata*-Sippe. Eine weitere Amerikanerin, *Phlox divaricata*, macht sich an einem schattigen Ort wunderbar, auch sie ist blaßblau und sehr wachstumsfreudig. Ich mag auch *P. adsurgens* und *P. stolonifera* sehr. *P. stolonifera* liebt den Schatten und wird manchmal auch *reptans* genannt, beide Namen weisen daraufhin, daß diese Pflanze kriecht und sich durch unterirdische Ausläufer oder Wurzelstengel vermehrt. Die beste Variante ist *Blue Ridge*. *P. adsurgens* ist weniger wählerisch und wirklich sehr hübsch mit ihrer eleganten und seltenen lachsrosa Färbung. Sie blüht ein wenig später, im Juni. Machen Sie sich nichts daraus, wenn der Winter sie umzubringen scheint, sie ist recht zäh und wird im Frühling wieder in die Höhe schießen.

Vor einiger Zeit habe ich ein neues Gerät erwähnt, das ich entdeckt hatte, den Schlangen-Irrigator. In der Regel mißtraue ich solchen Neuerungen, denn die alten, vertrauten Diener leisten in der Regel doch viel bessere Arbeit, schließlich sind Jahrhunderte der Erfahrung in ihre Herstellung eingeflossen. Und wenn wir alles Neue ausprobiert haben, dann schlägt doch nichts einen Nagel besser ein als ein Hammer, nicht einmal ein Schuhabsatz kann da mithalten, nichts gräbt besser als ein Spaten, recht besser als ein Rechen oder hackt besser als eine Hacke.

Und doch scheint dieses Bewässerungsgerät für den Gartenschuppen wirklich eine Bereicherung zu bedeuten. Irgendwer hat seinen Namen aufgrund der unseligen Assoziation mit dem Garten Eden für ein böses Omen gehalten, aber lassen Sie sich davon nicht abhalten. Der Irrigator hat durchaus nichts Reptilienhaftes, schließlich ist er aus schönem sauberen weißem Leinenstoff gemacht und ist, anders als Schlangen, nicht trocken, sondern naß. Manche Menschen fühlen sich von der spröden Trockenheit der Schlangen abgestoßen und können sich von ihrer atavistischen Angst vor Schlangenbissen nicht befreien. Der Schlangen-Irrigator kann und will dagegen überhaupt nicht beißen. Das einzige, was er mit den Schlangen gemeinsam hat, ist seine Fähigkeit zu schlängeln. Er schlängelt sich in jegliche Richtung, wenn Sie sie ihm anweisen, niemals tut er das jedoch aus eigenem Antrieb. Und das ist zweifellos sein größter Vorzug. Sie können ihn überall hinschicken, wo Sie ihn brauchen. Sie kaufen ihn in Längen von etwa sechs Metern und befestigen ihn entweder an einem Wasserhahn oder an einem normalen Gartenschlauch, dann lassen Sie ihn die Nacht oder den Tag hindurch vor sich hintröpfeln und machen sich keine weiteren Gedanken. Sie lassen ihn einfach liegen und drehen den Wasserhahn zu, wenn der Irrigator seine Pflicht getan hat. Allerdings habe ich, als ich ihn nun ausprobiert habe, eins festgestellt: Er mag nicht geknickt werden. Entweder will er gerade liegen oder weite Schleifen und Kreise bilden.

Allerlei Verwendungsmöglichkeiten sind vorstellbar: Wir können ihm um frischgepflanzte Bäume oder Sträucher herum oder auf ein Beet mit Setzlingen legen; wir können mit seiner Hilfe für feuchtigkeitsliebende Pflanzen einen künstlichen Sumpf anlegen, wir können im Frühling das Wachstum von Amaryllis und verschiedenen Lilienarten mit ihm befördern und im Sommer Pflanzen, die schon den Kopf hängen lassen, vor dem Verdursten retten.

Ich frage mich allerdings, was die Wasserwerke dazu sagen würden, obwohl er wirklich sparsam mit dem Wasser umgeht und nichts verschwendet. Wir haben hier zum Glück einen tiefen alten Regentank, der durch eine Röhrenleitung mit dem Garten verbunden ist. Das hat den einzigen Nachteil, das bisweilen irgendein winziger Gegenstand in der Röhre steckenbleibt. Ohne eine solche unendliche und unabhängige Versorgungsquelle könnten eine Regentonne oder ein Teich eine Lösung darstellen, wenn eine dieser bedrohlichen Mitteilungen eintrifft, die uns verbietet, im Garten Wasser zu benutzen.

Nun habe ich erst eben noch mit dem Gedanken gespielt, über Schachbrettblumen zu schreiben, und schon wird eine komplette illustrierte Monographie über dieses Thema vorgelegt: *Fritillaries* von Christabel Beck, erschienen bei Faber & Faber.

Frau Beck erzählt uns alles, was der durchschnittliche Gärtner wissen muß. Sie erzählt sogar noch mehr, denn es steht doch nicht zu erwarten, daß viele sich an die unzuverlässigen Varianten herantrauen werden. Ich kenne die Enttäuschungen, die auf einen solchen Versuch folgen. Bei unserer einheimischen Schachbrettblume, der *meleagris*, dagegen kann man einfach nichts falsch machen, sie blüht so ungefähr überall, sogar im gröbsten Gras, und sie sät sich selber aufs freigiebigste aus und taucht bisweilen an seltsamen Stellen und in beträchtlicher Entfernung von ihren Eltern wieder auf. Das ist immer eine der schönsten Überraschungen, die uns unser Garten überhaupt bereiten kann. Frau Beck weist auf die seltsame Tatsache hin, die ich auch selber schon beobachtet hatte, daß selbstgesäte Setzlinge der *F. meleagris* oft Weiß statt der vertrauten rosa-violetten Färbung zeigen, »ein Geheimnis, das noch nie befriedigend aufgedeckt worden ist«. Aber ob sie nun rosa-violett blüht oder weiß, die Zwiebeln dieser karierten wilden Blume unserer Wiesen sollten in großen Mengen gesetzt werden und sich selber vermehren dürfen; setzen Sie die Zwiebeln aber tief, sonst könnte ein Fasan aus dem benachbarten Wald kommen und sie wieder ausgraben.

Fritillaria pyrenaica ist ebenfalls pflegeleicht. Ihr seltsames Aussehen jedoch ist vielleicht nicht jedermanns Geschmack. Aber wenn Sie sie mögen, dann haben Sie Sinn für Extravaganzen. Sie müssen ihre hängende Glocke umdrehen, um sich von ihrem wirklichen Aussehen zu überzeugen: Einem seltsamen grünlich-schwarzen Gold, einer wie lackiert aussehenden inneren Trompete, die an eine Schlange oder eine Eidechse erinnert. Leider ist sie sehr schwer zu beziehen, und die Zwiebeln sind teuer, doch sie läßt sich, wie die meisten Schachbrettblumen, auch aus Samen ziehen, wenn Sie die Geduld haben, vier oder fünf Jahre auf eine setzfähige Zwiebel zu warten.

Frau Becks Buch erzählt uns alles darüber, wie Schachbrettblumen aus Samen gezogen werden können. Das einzige, was sie uns nicht verrät, ist, warum die edelste aller Fritillarien, die Kaiserkrone, *F. imperialis*, so oft blütenlos bleibt. Sie hält es für möglich, daß es daran liegt, daß die Zwiebeln zu alt sind, aber ich halte das nicht für die einzige Erklärung, denn das Problem ergibt sich auch bei erst kürzlich gesetzten Zwiebeln. Kann es möglich sein, daß eine Zwiebel sich teilt und Zwillingsstengel produziert?

Nicht zum ersten Mal wurde mir bewußt, daß das Unkraut des einen Landes die Blume des anderen sein kann. Kürzlich war ich in den Tropen und beobachtete mit Entsetzen, wie mein Gastgeber und meine Gastgeberin durch ihren Garten wanderten und dabei grüne Pflanzen aus dem Boden rissen, so wie wir das mit Kreuzkraut machen, und dabei sagten sie: »Dieses elende Kraut! Hat sich schon wieder überall breitgemacht!« Die Rede war von *Gloriosa superba*, der Ruhmeskrone, die bei uns behutsam und bei hoher Wärme gezogen werden muß, wenn wir überhaupt Lust dazu haben.

Ich möchte keine *Gloriosa superba* ziehen, aber ich muß zugeben, daß eine Kombination von *Ceanothus dentatus* und *Solanum crispum* an meiner Hausmauer mir sehr gefällt. Beide blühen zur selben Zeit, und die malvenfarbenen Blüten des Nachtschattens passen sehr gut zur pulverblauen Säkkelblume. Ich habe immer die Angst, ein übler Winter könne sie allesamt ums Leben bringen, aber obwohl die Säckelblume vom Februar arg gezaust wurde, haben bisher doch alle durchgehalten, und ich möchte allen, die Lust haben, ihr Haus im April und Mai in eine blaue und malvenfarbige Wolke zu hüllen, empfehlen, diese Idee zu übernehmen, auf die ich wahrlich stolz bin.

Wieso stolz? Man sollte niemals zu stolz sein. Das kann sich nämlich rächen. Eine sehr reizende und freundliche Dame aus Kalifornien besuchte meinen Garten und sah sich die Säckelblume an. »Ach, ist das nicht hübsch?« sagte sie. »Und dabei wächst das wie wild überall bei uns im Wald, und niemand kommt auf die Idee, es in den Garten zu holen. Für uns ist das alles nur Unkraut. Aber nun sehen Sie sich Ihre Hyazinthen an, überall wachsen die bei Ihnen am Flußufer und im Wald, wir könnten sie niemals in solchen Mengen anpflanzen.«

Ich stellte dann fest, daß sie unter Hyazinthen das verstand, was wir in England normalerweise, aber fälschlich »Bluebell« nennen, und ich stimmte ihr darin zu, daß niemand freiwillig einen Wald aus Glockenblumen anlegen würde, nicht einmal ein Millionär, der tausend Gärtner anstellen könnte. Und wenn doch, dann würde es einfach nicht so aussehen wie unsere natürlichen Wälder.

Das Unkraut des einen Landes ist wirklich die Blume des

anderen. Wie herzlich wir doch irgendwo in Illinois oder Missouri angesichts eines sorgfältig angelegten Glockenblumenbeets lächeln würden. Ich kann nur hoffen, daß dieses Lächeln dann so tolerant sein würde wie das meiner Besucherin aus Kalifornien, als sie vor der Säckelblume stand, die für sie einfach nur ein Unkraut war.

Noch immer sind alle damit beschäftigt, den wahren Umfang der Schäden festzustellen, die der Februar mit seinen unverschämten Scherzen angerichtet hat. Ich bin allerdings ganz sicher, daß wir über keine Pflanze in Verzweiflung geraten sollten, solange wir nicht ganz sicher wissen, daß sie tot ist. Noch ehe die kleinen grünen Lebenszeichen wieder zum Vorschein kommen, kann ein Schnitt mit dem Taschenmesser unter der braunen Rinde ein weiches Grün freilegen. Wir erleben Überraschungen, manche sind unangenehm, andere angenehm. Die angenehmen haben normalerweise mit der angeblichen Zähigkeit oder Empfindlichkeit der betreffenden Pflanze zu tun.

Unsere Vorstellungen in dieser Hinsicht ändern sich immer wieder. In einem fast hundert Jahre alten Gartenkatalog werden *Alstroemeria ligtu* für das Treibhaus und das zähe kleine *Cyclamen repandum* für das Gewächshaus empfohlen. *Alstroemeria aurea*, die gemeine gelbe Inkalilie, ist längst als viel zu aufdringliches Unkraut verworfen worden und taucht heutzutage höchstens noch in Cottage-Gärten oder in wildwuchernden Nischen auf, doch auch sie wird hier für das Gewächshaus empfohlen. Wir lächeln über solche Irrtümer, aber wir sollten uns in unserem Hochmut nicht zu sicher sein und in aller Demut daran denken, daß wir noch immer viel zu lernen haben. Ich bin jetzt davon überzeugt, daß es ebenso wichtig ist, Knöchel, Unter- und Oberschenkel eines Holzgewächses mit Säcken einzuwickeln, wie seine Schultern und seinen Kopf mit Sackleinen oder anderem Stoff zu bedecken. Warme, mit Bindfaden umwickelte Jutegamaschen können verhindern, daß der Frost die Rinde platzen läßt oder das der Stamm selber springt, eine fatale Verletzung, die er einfach nicht überleben kann. Ich kann als Beispiel einen alten Zitronenstrauch anführen, den ich seit vielen Jahren im Garten habe. In diesem Jahr haben wir ihn zum ersten Mal ganz und gar eingepackt, aber kann ich deshalb bei ihm irgendwelche Lebenszeichen entdecken? Nein. Es war viel bekömmlicher für ihn, als wir seine Füße mit Asche bestreuten, seinen Schienbeinen eine mit Stroh ausgestopfte Jutegamasche verpaßten und den Rest sich selber überlassen haben.

Überhaupt war der vergangene Winter meiner Ansicht nach weniger zerstörerisch. Es gab Eisregen, und alle unsere Sträucher waren mit Eis überzogen und verwandelten sich vor der Hausmauer in gefrorene Bärte, während die freistehenden klirrten wie gläserne Kronleuchter; die Zweige der Bäume schillerten, wenn die Strahlen der tiefstehenden Sonne auf sie schienen, und die verwirrten Vögel, die sich auf ihnen niederlassen wollten, rutschten hin und her und fanden keinen Halt.

Wenn ich um Artikel über das Gärtnern in London oder anderen Städten gebeten werde, bin ich zuerst immer verzweifelt. Ich möchte so gern helfen, aber ich verfüge über keinerlei Erfahrungen über Gartenarbeit in der Stadt, und ich gebe nur ungern Wissen weiter, das ich nur vom Hörensagen habe. Wir alle müssen selber lernen. Ich habe allerdings vor kurzem einen Brief von einer sehr prominenten Dame erhalten, deren Name allen bekannt wäre, wenn ich ihn erwähnen würde. Sie schickte mir Fotos ihres Vordergartens, der, wie sie sagt, »in einer ziemlich miesen Gegend in London liegt«.

Dieser Garten ist an die einundzwanzig Quadratmeter groß, nicht gerade überwältigend, sondern eher von den Ausmaßen eines großzügig bemessenen Zimmers. Wenn die Fotos nicht lügen, dann muß dieser Garten eine wahre Farbenpracht sein. Seine Besitzerin schreibt, daß sie diese Wirkung durch Zwiebeln, Iris, Ringelblumen, Kapuzinerkresse, die unverwüstlichen Wicken und wilde Geranien erzielt. »Gewöhnlichen Kram« nennt sie das, und sie bemerkt voller Bedauern, daß sogar die Aubrietien sich zieren. Ein Wasserhahn tröpfelt in ein leckendes Becken, das Gauklerblumen und Trollblumen bewässert; ein Teil des Gartens ist ein »Amateur-Steingarten«.

Vorübergehende, teilt meine Korrespondentin mit, bleiben stehen und bringen ihre Begeisterung zum Ausdruck, und obwohl ihr Tor nie abgeschlossen ist, glaubt sie nicht, in über zwanzig Jahren mehr als ein halbes Dutzend Blumen verloren zu haben – was doch wirklich ein hohes Lob auf die Ehrlichkeit der britischen Öffentlichkeit ist.

Alles, was sich machen läßt, um unsere Städte zu verschönern, ist gut – ganz abgesehen von dem Vergnügen, das der Stadtgärtner vielleicht empfindet, wenn er Pflanzen in der Vorstellung ziehen kann, er lebe in Wirklichkeit auf dem Lande.

Was für Stadtgärtner noch wichtiger und viel besser, als Bücher zu lesen, ist: selber hingehen und beobachten, was andere Gärtner in der Stadt zustande bringen. Wenn Sie zum Beispiel in London leben, dann sehen Sie sich gleich neben der City Hall den Garten an, der auf dem Gelände des von einer Bombe zerstörten Gebäudes der Goldsmiths' and Silversmiths' Company angelegt worden ist. Dieser Garten ist natürlich außergewöhnlich groß, und das Grundstück ist auf ungewöhnlich phantasievolle Weise genutzt worden. Nur wenige unter uns können kellertiefe Gärten flankiert von den Überresten einer römischen Mauer anlegen, mit einer steilen Treppen zwischen den verschiedenen Teilen, einen höchstromantischen Garten mitten im Herzen der Stadt. Und doch können die Blumen und Sträucher, die dort angepflanzt worden sind, nützliche Tips dafür geben, was selbst in der rußigen Londoner Luft gedeihen kann.

Es ist eine ungewöhnliche Methode, Clematis waagerecht zu legen, nicht senkrecht. Dazu benötigen Sie eine Art längliches Gitter aus Bambusstecken, das an den vier Ecken auf dicken kleinen, an die sechzig Zentimeter hohen Pfosten ruht. Auch ein Rechteck aus Maschendraht erfüllt diesen Zweck und ist dazu noch dauerhafter. Wir brauchen eine niedrige, flache, offene Art von Tischplatte, unter der wir die Pflanze setzen, und durch die sie dann hindurchwachsen kann. Sie werden während der Wachstumsperiode alle paar Tage die Stränge durch Gitter oder Draht ziehen müssen, denn Clematis wächst erstaunlich rasch, wenn sie erst einmal angefangen hat, und von Natur aus wächst sie senkrecht, nicht waagerecht. Seien Sie dabei aber so behutsam wie möglich, denn Clematis scheint nicht gern von Menschenhand berührt zu werden.

Oder finden Sie, daß sich das alles viel zu kompliziert anhört? Das ist wirklich nicht der Fall, und Sie werden für Ihre Mühen reich belohnt. Zum einen werden Sie ins nach oben gekehrte Gesicht der Blüte hinabschauen können, statt den Hals recken zu müssen, um einige Meter über Ihrem Kopf ihre Farbe zu erkennen. Auf diese Weise sehen Sie die volle Schönheit dieser Blume auf eine Weise, die sich nie bietet, wenn Sie sie von unten betrachten. Zum anderen hat die Clematis gern Schatten an ihren Wurzeln, in diesem Fall ihren eigenen, während ihr Kopf in der Sonne liegt, und das genießt sie dann wirklich.

Die großblütige Variante *Jackmanii* bietet sich für dieses Verfahren ganz besonders an, wie auch die *Patens*-Gruppe, denn beide haben flache Blüten. Die bekannte dunkellila *Jackmanii* oder ihre Variante *Superba* bieten einen wunderschönen Anblick. *Nelly Moser* ist von blasser Malvenfarbe mit rosa Streifen, *Gipsy Queen* ist violett-purpurn.

Auch andere Kletterpflanzen lassen sich so anbringen, zum Beispiel das Geißblatt, die Einjährige Prachtwinde und sogar die starkwüchsigen Rosensorten. Die dauerhaften Hybriden wie die weiße *Frau Karl Druschki*, die kirschrote *Ulrich Brunner* oder die alte dornlose rosa *Zephirine Drouhin* (eine hybride Bourbon) werden an allen Gelenken Knospen treiben, wenn sie so gelegt oder einfach an der Spitze der Triebe mit Holznägeln am Boden befestigt werden. Die zusätzliche Blumenmenge, die Sie auf diese Weise ernten können, ist allerdings sehr anstrengend für die Pflanze, deshalb beschränken Sie sich auf drei oder vier Triebe, und geben Sie zur Ermutigung Dung oder Kompost dazu.

Ein Herr beschwert sich brieflich bei mir, weil er keine Bambusverehrer finden kann, und er bittet mich, ihm zu erzählen, wie und wann er eine Pflanze, die er in seinem Garten entdeckt hat, aufteilen und umpflanzen soll.

Ich kann und will mich nun nicht als Bambusverehrerin bezeichnen. Ich hasse diese scheußlichen Dinger mit ihrem viktorianischen Aussehen fast so sehr wie Pampasgras. Aber auf jeden Fall möchte ich meinem Korrespondenten mitteilen, daß Mai der richtige Monat ist, wenn er wirklich seinen Bambus aus einem Teil seines Gartens in einen anderen versetzen will, ich könnte ihm auch noch den guten Rat geben, die geteilten Wurzeln heftig zu bewässern, bis sie sich an ihrem neuen Standort eingewöhnt haben.

Ich wünsche ihm viel Vergnügen und bin auch dankbar für seinen Brief, da dieser mich dazu gebracht hat, über diese Pflanze und ihre seltsamen Eigenschaften nachzudenken. Sie sieht in unseren englischen Gärten so langweilig und trübe aus, aber wenn wir daran denken, wie sie in anderen Ländern genutzt wird, dann steigt sie doch um einiges in unserer Achtung. Wir können Bambus als Fackel benutzen, die uns den Weg durch den Dschungel leuchtet. Wir können ihn essen, einlegen und so gut wie alles daraus herstellen, von einem

Wohnhaus bis zur Grammophonnadel. Er dient uns im Boot als Mast, er möbliert unsere Zimmer, umgibt als Zaun unser Grundstück und liefert Papier für unsere Korrespondenz. Dieses beunruhigende Gras sieht noch dazu zweifellos höchst beeindruckend aus, wenn es an einem Tag fast fünfzig Zentimeter wächst und eine Höhe von über dreißig Metern erreicht. Seine seltsamste Eigenschaft aber ist vielleicht seine unerklärliche Angewohnheit, im Abstand von etwa dreißig Jahren zu blühen, wobei jedes zu einer bestimmten Spezies gehörende Gewächs auch in weit voneinander entfernt liegenden Gegenden gleichzeitig blüht und dann abstirbt, ein Geheimnis der Natur, das eine Analogie zum jahreszeitlich bedingten Wachstum bestimmter Weingewächse nahelegt, auch wenn sie aus ihrer Heimat an die Antipoden gebracht worden sind.

Es gibt eine Familie von Pflanzen, die so pflegeleicht und in Charakter und Interessen so unterschiedlich ist, daß ich mich wundere, warum man sie in unseren Gärten nicht viel häufiger sieht. Ich rede hier von der großen Familie der Wolfsmilch, die angeblich mehr als tausend Mitglieder zählt. Das Schönste darunter ist *Euphorbia pulcherrima*, uns besser bekannt unter dem Namen Poinsettie oder Weihnachtsstern, doch sie ist nur für Gärtner geeignet, die über ein beheiztes Treibhaus verfügen.

Andere Wolfsmilchgewächse passen in jeden normalen Garten. Würde es weniger beunruhigend klingen, wenn ich ihren englische Namen verwendete, »spurge«? Es gibt etwa ein Dutzend einheimische Arten, von der gemeinen Wald-

Wolfsmilch, die sich sehr gut als Bodenbedeckung unter Bäumen pflanzen läßt, wenn Sie sie nicht als Invasorin fürchten, zur seltsam schönen Zypressenwolfsmilch, die aufrecht steht wie eine kleine Säule. Sie ist einjährig, sät sich selber so freigebig aus und scheint wie aus einem natürlichen Gefühl für Architektur heraus immer die Stelle zu finden, wo sie sich am besten macht.

Ich mag *Euphorbia marginata* sehr, leider auch einjährig und für Spatzen unangenehm attraktiv. Ich pflanze sie aber weiterhin an, aus Liebe zum grün-silbernen Schillern der gestreiften Blätter und des weißen Deckblattes. Wenn die Zypressenwolfsmilch einen Sinn für Architektur hat, dann hat *Euphorbia marginata* einen für Wappenkunde: Sie könnte auch einen Heroldsrock tragen. Sie stammt ursprünglich aus dem Süden der USA, wo sie als Bergschnee bekannt ist.

Ich mag auch *Euphorbia nicaeensis* sehr. Sie ist winterhart und wächst in einem ordentlich gerundeten, kleinen Klumpen von Grünlich-Gold und wird etwa dreißig Zentimeter lang. Der Sommer ist ihre beste Zeit, aber sie kann sich das ganze Jahr hindurch sehen lassen. Ich habe sie einmal mit dem grünlichen Veilchen *Irish Molly* kombiniert, was eine sehr glückliche Verbindung war. Die *Molly* ist mir dann eingegangen, die Wolfsmilch dagegen scheint herzloserweise immer kräftiger zu werden.

Meine aufregendste Wolfsmilch heißt *Euphorbia griffithii*. Sie stammt aus Tibet und wurde vor einigen Jahren mit dem Award of Merit ausgezeichnet. Sie weist eine höchst seltsame Farbkombination auf: Braun, Orange und Grün, was einen allgemeinen Eindruck von Rostrot ergibt. Machen Sie einen Versuch, wenn Sie diese Pflanze nicht schon längst kennen.

Dann gibt es noch *Euphorbia myrsinitis*, die Walzenwolfsmilch. Ich habe sie noch nie gepflanzt, und ich möchte lieber keine Pflanzen empfehlen, die ich nicht aus eigener Erfahrung kenne, aber mir ist auch klar, daß es sich um ein arges Versäumnis handelt. Bestimmt ist sie eine der empfehlenswertesten Wolfsmilch-Sorten.

Ich muß hier noch eine Warnung anfügen. Zwei Leser haben mich brieflich darauf hingewiesen, daß manche Menschen auf den weißen Pflanzensaft der Wolfsmilch allergisch reagieren, einer hat sogar aus einem alten Buch zitiert, daß »Wilde in Afrika und Amerika ihre Pfeilspitzen mit diesem tödlichen Gift einreiben«. Ich hoffe, diese beunruhigende Mitteilung wird keine abschreckende Wirkung haben. Grundsätzlich sollte man niemals den Stengel abbrechen oder durchschneiden und die Pflanze nur mit Handschuhen anfassen, wenn man auch nur das leiseste Risiko fürchtet. Ein ähnlich weißer Saft, den der Stengel von Feigenblättern abgibt, ist angeblich ein Hilfsmittel gegen Warzen, vermutlich ist in beiden Fällen irgendein ätzender Bestandteil vorhanden.

Voller Vergnügen habe ich vor zwei oder drei Wochen einen Artikel des Washington-Korrespondenten des *Observer* gelesen. Er schreibt, daß die *multiflora*-Rose derzeit in den USA überall am Rand der wichtigen Landstraßen und auch auf dem Zwischenstreifen der Autobahnen gepflanzt wird. Er beschreibt diese Rose als eine Art Sicherheitsnetz, das sogar einen Anderthalb-Tonnen-Laster zum Stehen bringt, wenn er in hohem Tempo hineinfährt. Man wird zurückgeschleudert und kommt zum Stillstand, ohne am Fahrzeug andere Schäden als einige Kratzer im Lack davongetragen zu haben.

Ich hatte schon vor einiger Zeit von diesem ganz besonderen Prellbock gelesen, habe aber nicht darüber geschrieben, weil ich wußte, daß diese Pflanze hierzulande nicht erhältlich ist, und nichts ist ärgerlicher als eine verlockende Beschreibung von Pflanzen, die man sich nicht zulegen kann. Da sie nun aber in aller Öffentlichkeit erwähnt worden ist, und noch dazu in meinem *Observer*, kann ich es mir doch erlauben, mich über dieses hochinteressante Thema zu verbreiten. Außerdem wird sie in absehbarer Zeit auch bei uns in Form von Setzlingen erhältlich sein, die schon jetzt bei Rosenzüchtern wie Senf und Kresse in die Höhe schießen. Ich hatte das Glück, von einer großzügigen amerikanischen Freundin einige Samen zu bekommen, und reichte einen Teil davon an Hilda Murrell von den Portland Nurseries in Shrewsbury weiter, die mitteilt, sie habe sie zu hundert Prozent zum Keimen bringen können.

Die *multiflora* klingt wirklich wie eine Rosenhecke, mit der man prahlen kann. Es gibt sie mit und ohne Dornen. Die dornige Variante wird in einer amerikanischen Broschüre wirklich erschreckend beschrieben: »Pferdehoch, bullenstark, ziegendicht, dick und grausam genug, um jegliche Art von umherstreunendem Vieh auszusperren.« Dazu kommt noch, daß sie über zwei Meter hoch werden kann und von kleinen weißen und manchmal auch sehr blaßrosa Blüten übersät ist. Der Staat Missouri hat während der letzten fünf Jahre an dreitausend Straßenmeilen solche Rosen angepflanzt. Wir hier auf unserer kleinen Insel operieren nicht in solchen Maßstäben. Ich wünschte, wir täten das. Unsere Hauptverkehrsstraßen würden dann ganz anders aussehen, kein kahler Asphalt mehr, sondern von Rosen umgeben, was Schönheit und Nützlichkeit kombinieren würde.

Die Amerikaner behaupten auch, daß die *multiflora*-Rose keine Pflege braucht und nicht beschnitten, gestützt oder aufgebunden werden muß. Sie ist langlebig, windresistent, schnellwüchsig – bis zu ein Meter fünfzig im Jahr, und sie bietet kleinen Tieren einen passenden Lebensraum. Ich muß zugeben, daß die Fotos in der Broschüre ungeheuer beeindruckend sind.

Mir ist in letzter Zeit so oft gesagt worden: »Unsere Anemonen wollen einfach nicht gedeihen, während Ihre wie Unkraut zu wuchern scheinen«, daß ich mich gefragt habe, wie sich das wohl erklären läßt. Ich bin zu dem Schluß gekommen, daß die anderen nicht zur rechten Zeit gepflanzt worden sind. Mit anderen Worten, die kleine schwarze Anemonenknolle mag nicht länger als unbedingt nötig aus dem Boden weggehalten werden. Manchmal liegt sie in einer Papiertüte herum, bis wir die Zeit zum Pflanzen finden können, und wer weiß, wie lange sie für die Reise vom Züchter bis zu Ihnen gebraucht hat. Wie ungeduldige Menschen haßt sie das Warten, und, anders als ungeduldige Menschen, rächt sie sich dann, indem sie verwelkt und stirbt. Wie traurig wäre es doch, wenn auch unsere Freunde und Bekannten so reagieren würden, wenn wir uns bei einer Verabredung verspäteten!

Es gibt viele verschiedenen Anemonensorten, alle sehr

geeignet für den Frühlingsgarten, und ich bin sicher, daß für alle dieselbe Regel gilt: Pflanzen Sie sie, sowie ihre Blätter anfangen, abzusterben und sich gelb zu verfärben. Das ist wirklich leicht, wenn Sie schon welche im Garten haben, die Sie aufteilen, neu pflanzen oder versetzen möchten. Es ist nicht so leicht, wenn Sie sie zum ersten Mal bei einem Züchter bestellen, denn vielleicht bekommen Sie sie nicht frisch und wohlgenährt im Juni, sondern müssen eventuell auf die sogenannte Herbstlieferung warten.

Wie hell und farbenfroh manche Anemonen doch sind! *Blanda*, die blaßblaue Griechin, die zwei Wochen früher blüht als die *apennina*, die dunkelblaue Italienerin, auf die nacheinander die scharlachrote *fulgens* und die hybride *St. Bavo* mit ihren vielen Farben folgen, dann kommen die zarte malvenfarbige *Allenii* und die blassere *Robinsoniana*, die alle verwandt sind mit dem Windröschen, der Blume des Adonis, der Blume der Auferstehung, der Blume des Frühlings. Sie sind inzwischen verwelkt, und ihre Blätter sterben ab. Nun sollten sie versetzt werden, ich bin sicher, daß für Anemonen dasselbe gilt wie für manche andere Knollenpflanzen wie den Winter-Eisenhut, der sich nicht gut pflanzen läßt, falls wir nicht Setzlinge auftun und sie mit ihrer Erde an ihren neuen Aufenthaltsort bringen können.

Sie dürfen niemals austrocknen. Sie müssen sehr schnell versetzt werden. Das ist die Moral dieses Artikels.

Manchmal wird mir vorgeworfen, ich schriebe nur für Besitzer von sehr großen, uralten, romantischen Gärten mit jahrhundertealten Eiben- und Stechpalmenhecken, mit

Springbrunnen, deren Wasser sich in von Tritonen, Seejungfrauen und springenden Delphinen umrandete Marmorbekken ergießt, mit Rasenflächen so rein wie eine Golfbahn und Libanonzedern, die sich in Teichen mit durchscheinendem Wasser spiegeln, in dem altehrwürdige Karpfen mit goldenen Nasenringen hausen.

Aber ich versuche wirklich, alle Arten von Gärten zu berücksichtigen und ganz besonders an die Besitzer nagelneuer Gärten zu denken, die nicht wissen, was sie damit anfangen sollen. Und in diesem Zusammenhang möchte ich darauf hinweisen, daß sich auch aus dem kleinsten Garten mit Phantasie etwas machen läßt. Das ist keine Frage der Flächen, sondern eine Frage von Geschmack, Vision, Design, Farbsinn und Anordnung. Allgemeine Regeln lassen sich nicht aufstellen, da jeder Garten seine eigenen Probleme aufwirft, was Form, Größe, Aussehen, Konturen, Verhältnis zum Haus, Lage, Boden, Hanglage oder Ebene und die Geldmittel seines Besitzers angeht.

Und doch gibt es einige allgemeine Prinzipien. Zum Beispiel kann ein dunkles aufrechtes Bäumchen wie eine irische Eibe oder ein Wacholder an der richtigen Stelle dem Garten Würde verleihen, da es das Auge gerade dann anhalten läßt, wenn Ruhe erforderlich ist. Gerade Linien von Wegen und Kanten erwecken normalerweise einen größeren Eindruck von Weite und Entfernung als die schwachen, welligen, wackeligen Linien, die manche für künstlerisch halten. (Erfolgreicher Umgang mit Welligem und Wackeligem fordert einen wahren Künstler.) Das alles bezieht sich natürlich nicht auf Cottage-Gärten, in denen die Blumen wild durcheinander stehen und die von äußerst unregelmäßigen

Plattenwegen durchzogen werden, vermutlich die schönste Art von kleinem Garten, die dieses Land je entwickelt hat. Vor allem möchte ich vorschlagen, daß Sie, wenn Sie einen Rasen haben, diesen nicht mit nierenförmigen Beeten oder mit Beeten überhaupt ruinieren sollten. Wir murren über unser Klima, aber es liefert uns unvergleichlichen Rasen, und wir sollten als Ruheplatz für Augen und Seele eine grüne, ungestörte Fläche beibehalten.

Darf ich darauf zurückkommen, daß ich vor einigen Wochen geschrieben habe, wie viele Pflanzen sich wohl zu fühlen scheinen, wenn sie ihre Wurzeln unter Steine stecken können? Ich denke jetzt nicht nur an alpine Pflanzen, deren natürliche Gewohnheit es ist, sondern an zufällige Streuner, oft selbstgepflanzt, manchmal Zwiebelpflanzen, manchmal einfach Ein- oder Zweijährige, die durch einen glücklichen Zufall den Weg zur dieser Gärtnermethode gewiesen haben. Noch der schmalste Spalt in einem Weg oder einer gepflasterten Terrasse überrascht uns mit einem schönen Setzling; ich habe sogar so große ungebetene Gäste wie Rittersporn und Stockrose bei solchen Versuchen ertappt. Es liegt zweifellos daran, daß sie niemals unter zu hoher Feuchtigkeit oder exzessiver Trockenheit leiden; der Stein bewahrt die Bodenfeuchtigkeit auf, verhindert jedoch, daß die Erde nach kräftigem Regen zum schwammigen Pudding wird; er schützt vor brennender Sonne und darauffolgendem Welken, das die Gießkanne nötig macht.

Wenn wir diesen Fingerzeig der Natur ernst nehmen wollen, dann sollten wir uns sofort von Unkraut befreien, um uns späteren Ärger zu ersparen. Unkraut auf Wegen bedeutet für die, die das teuflische Vergnügen, das Unkrautvertilgungsmittel uns bereiten können, noch nicht entdeckt haben, ein konstantes Ärgernis; und selbst Eingeweihte lassen sich vom Preis der Unkrautmittel bisweilen abschrecken und greifen auf Knieschutz und abgebrochene Messerklingen zurück. Heute allerdings können wir Natriumchlorat pfundweise kaufen, der Preis ändert sich häufig, deshalb will ich keinen angeben, aber da Sie ein Pfund auf etwa vierzig Liter nehmen, ist es noch immer ziemlich billig. Natriumchlorat wirkt durch die Blätter und sollte deshalb verwendet werden, wenn das Unkraut noch grün ist – der einzige Nachteil ist, daß wir in den nächsten sechs Monaten an dieser Stelle nichts anderes pflanzen können.

Danach würde ich die Spalten mit gutem Boden oder Kompost füllen und hemmungslos drauflossäen. Es wäre mir auch egal, wie gewöhnlich meine Kandidaten sein mögen, königsblaues Vergißmeinnicht, Goldlack, indische Nelken, das Steinkraut *Violet Queen*, Stiefmütterchen – denn später würde ich fünfundneunzig Prozent wieder herausreißen und nur hier und da einzelne Pflanzen stehen lassen. Schließlich geht es hier nicht um das Anlegen eines Blumenbeetes. Aber wenn Sie es für Zeit- oder Platzverschwendung halten, so gewöhnliche Gewächse auszusäen, dann gibt es ausreichend viele erlesenere, niedrigwüchsige Pflanzen, vor allem solche, die im Winter exzessive Feuchtigkeit an ihren Wurzeln nicht zu schätzen wissen; die Steindecke sollte sie davor schützen. Die altmodischen Nelken ergeben bezaubernde Blütenkissen: *Dad's Favourite*, *Inchmery* oder *Little Jock*.

Die wenigen Glücklichen unter uns, die weiterhin ein Gewächshaus ihr eigen nennen, das im Winter warm genug ist, um den Frost auszusperren, werden es nicht bereuen, wenn sie Platz für einige Töpfe mit dem unbekannten, hübschen, blaublühenden *Oxypetalum caeruleum* schaffen. Diese Pflanze sticht zwar nicht unbedingt ins Auge, aber mir ist doch aufgefallen, daß sie immer Aufmerksamkeit erregt, wenn wir im Sommer die Töpfe in den Garten stellen. Sie hat flauschige grüne Blätter und seltsam graubläuliche Blüten, in deren Mitte ein hellblauer Knopf von der Größe eines flachen Samenkorns sitzt. Ich stelle gern einige Töpfe *Plumbago auriculata*, Bleiwurz, daneben, deren kräftigeres Blau einen Blaunebel erzeugt, in dem die Farbtöne sich gegenseitig verstärken. Beide sind natürlich kühle Gewächshauspflanzen, fühlen sich aber von Ende Mai bis Oktober auch im Freien wohl.

Ich arbeite gern mit Töpfen. Das erinnert mich an Süditalien, Spanien, die Provence, wo überall Töpfe mit Nelken und Zinnien stehen, in einem sonnigen Hinterhof oder, terrassenförmig angeordnet, auf einer Treppe im Freien, staubig, aber so munter! Ich weiß, daß dabei ständiges Gießen wichtig ist, aber ist es nicht wunderbar, einen Farbfleck genau dorthin setzen zu können, wo wir ihn brauchen, in irgendeine Ecke, in der gerade eine andere Blume ihren Geist aufgegeben hat? Wir sollten in dieser Hinsicht von anderen Ländern lernen. Hierzulande benutzen wir bei weitem nicht so viele Töpfe, vermutlich unter anderem, weil es bei uns keine Töpfertradition gibt, nichts, was sich mit dem in Italien so verbreiteten Kamelientopf vergleichen ließe, bei dem aus einem Löwenmaul Girlanden quellen. Ich habe mehrmals versucht, Ziegelbrenner dazu zu überreden, dieses italienische Standardmodell nachzubilden. Und immer sind sie dann beunruhigt und mißtrauisch. »O nein, das können wir nicht. So etwas haben wir noch nie gemacht. Tut uns leid, Ihnen nicht helfen zu können.«

Wir umranden derweil den ganzen Sommer über einen großen chinesischen Krug mit blauem *Oxypetalum* und blauem *Plumbago* und setzen *Ipomaea rubocaerulea* hinein, das ergibt eine Symphonie aus verschiedenen Blautönen.

Der chinesische Krug hat eine romantische Geschichte. Er stammt aus der Ming-Dynastie, also aus der Zeit zwischen 1368 und 1644 – und in diesem Krug wurde Porzellan von China nach Ägypten transportiert, dabei wurden die Krüge in Talg gepackt, um nicht herumzukullern. Die äußerst soliden Griffe zeigen, wo Seile hindurchgezogen wurden, um die Krüge an Bord der Schiffe zu hieven. Er ist nicht wirklich schwarz, sondern eher auberginenfarben.

In diesen ziemlich zusammengestoppelten Notizen gehe ich, ob nun zu Recht oder zu Unrecht, davon aus, daß meine Leser auch etwas über Pflanzen hören möchten, die pflegeleicht und trotzdem ungewöhnlich sind. In dieser Woche möchte ich deshalb ein gutes Wort für einige Tulpen einlegen, die wir viel seltener sehen als unsere alten Freundinnen *Cottage* oder *Darwin*. Ich weiß sehr wohl, daß die Tulpenblüte vorüber sein wird, wenn dieser Artikel erscheint, aber da alle guten Gärtner sich schon Monate vorher Notizen für ihre Herbstbestellungen machen, möchte ich diese Blumen für Ihre Herbstliste empfehlen.

Die *Papageien*- oder *Drachen*-Tulpen tragen ihre Namen

zu Recht, denn manche von ihnen erinnern in ihrer Farbgebung wirklich an die farbenprächtigen Aras, während die zackigen Kanten ihrer Blütenblätter an die Schimäre erinnern, diese geflügelte heraldische Kusine des Drachen. Ich habe diesen Vergleich bei einer gärtnernden Freundin angebracht, die mich verständnislos anstarrte und behauptete, kein Wort davon verstanden zu haben, und wie eine Schimäre denn eigentlich aussehe. Aber ich finde noch immer, wir sollten Blumen mit Phantasie betrachten, um ihnen den größtmöglichen Genuß zu entlocken.

Die rosa *Fantasy* mit ihren apfelgrünen Federblättern tritt recht häufig auf; *Mme. Lefèbre* ist eine tiefere Version von *Fantasy*, wirklich kirschrot, von enormer Größe und mit schwerer Kante; *Orange Emperor*, butterblumengelb und grün gefleckt, ist nicht ganz so groß; *Blue Parrot* ist überhaupt nicht groß, sondern tief malvenfarben, so in etwa wie Blaubeerpudding (Züchter haben manchmal sehr seltsame Farbvorstellungen), *Bellona* ist goldgelb – und es macht Spaß, diese vielen Sorten anzupflanzen, und teurer als normale Tulpen sind sie auch nicht.

Aber es gibt durchaus noch pfiffigere Versionen. *Gadelan* war die verrückteste Tulpe, die ich je in meinem Garten hatte. Sie zeigte so viele Farben wie eine Malerpalette nach einem langen Arbeitstag – Dunkelblau, Dunkelrot, Lila, Grün, Weiß –, und als sie ganz aufgegangen war, maß sie an die vierundzwanzig Zentimeter im Durchmesser. Die Zwiebeln sind ziemlich teuer, deshalb kaufte ich für mein Experiment nur drei Stück und verzichtete gänzlich auf die noch teurere *Red Parrot; Gadelan* reichte mir für den Moment, sie war befriedigend und verwirrend genug.

Dieser »Papageieneffekt« beruht auf genetischen Veränderungen und ist eine natürliche Entwicklung, keine Krankheit.

Vielleicht sollte ich diesen Artikel »In Ihrem Haus« oder »Ihr Garten in Ihrem Haus« nennen, denn ich möchte über Schnittblumen schreiben, dazu hat mich ein interessanter Brief eines Herrn angeregt, der sich als Botaniker und Gartenbauspezialist bezeichnet und gerade in diesem Bereich Forschungen angestrengt hat. Wir befinden uns gerade in der Jahreszeit, in der Gartenbesitzer ziemlich rücksichtslos pflücken und weniger Angst haben, das Aussehen des Gartens zu schädigen, doch diese angenehme Beschäftigung ist zeitraubend, und die vielbeschäftigte Frau möchte, daß ihre Blumen so lange halten wie möglich.

»Die Probleme, die wir so oft mit Schnittblumen haben«, sagt mein Korrespondent, »liegen daran, daß in dem Zeitraum zwischen Pflücken und Ins-Wasser-Stellen Luft in die Wasserkanäle der Stengel eindringt.« Um das zu verhindern, rät er, die frischgeschnittenen Blumen in vor kurzem gekochtes Wasser zu stellen, das eine Spur wärmer ist als lau, also, nicht heiß genug, um uns die Hand zu verbrennen, aber warm genug, um unseren Fingern ein angenehmes Wärmegefühl zu geben. Schneiden Sie die Blumen, sagt er, in trüben, sonnenlosen Stunden; eine Empfehlung, auf die wir alle schon selber gekommen waren, aber ich frage mich, wie viele Leser dieses Artikels mit einem Kessel mit vor kurzem gekochten Wasser durch ihren Garten wandern werden. Das alles ist zeitraubend, und wir haben noch anders zu erledigen. Aber ich werde es trotzdem versuchen.

Mein Korrespondent tut die Sitte, eine Aspirintablette oder eine Kupfermünze ins Wasser zu geben, als Ammenmärchen ab. Kohlenstücke dagegen finden durchaus seine Billigung, da sie dem Wasser Luft entziehen. Ich nehme an, daß wir alle eigene Theorien haben, aber die Vorstellung, daß Luft in die Stengel eindringt, klingt ja durchaus plausibel. Und deshalb wollte ich Ihnen davon erzählen.

Manche Sprichwörter treffen den Nagel einfach auf den Kopf, andere sind völlig falsch, wieder andere nur zur Hälfte wahr. Eines der zur Hälfte wahren besagt, daß wir verachten, was wir kennen.

Verachten ist das falsche Wort. Was wir wirklich meinen, ist, daß wir einige Tugenden für selbstverständlich halten, wenn wir jeden Tag mit ihnen zu tun haben. Unsere Wertschätzung stumpft ab, so, wie die wunderbar scharfe Klinge des Blumenmessers, das wir zu Weihnachten geschenkt bekommen haben, zu Ostern schon stumpf ist. In unserem Garten wachsen Pflanzen, die wir einfach vergessen und an die wir uns dann plötzlich erinnern, so, wie ich mich gerade an den Waldmeister erinnert habe, an diesen sanften, kleinen, hellgrünen Briten, der so leicht wächst, sich so rapide vermehrt – jedes kleinste Wurzelstückchen wächst und vergrößert sich –, der Unkraut klein hält, und wo immer Sie wollen, einen hellgrünen Streifen oder Flecken ergibt.

Waldmeister ist ein hübscher Name für ihn, auf Latein heißt er *Galium odoratum*.

Er ist vielseitig verwendbar. Sie können ihn an Stellen setzen, an denen andere Pflanzen eingehen würden, in den

Schatten und sogar unter tropfende Bäume. Sie können ihn als Deckpflanze benutzen, die Unkraut vertreibt. Im Herbst können Sie die Blätter abschneiden, trocknen und in Duftkissen einnähen, die wie frischgemähtes Gras duften und diesen Duft jahrelang behalten.

Waldmeister protzt nicht. Seine kleinen weißen Blüten sind kein überwältigender Anblick, aber sie füllen Leerstellen aufs beste aus, während sich die Blätter für Duftkissen eignen, die im Wäscheschrank liegen und Motten vertreiben oder die Sie sich nachts unters Kopfkissen stecken können. Denken Sie daran, daß Waldmeister erst riecht, wenn er geschnitten und getrocknet ist, deshalb sollten Sie nicht enttäuscht sein, wenn Sie durch den Garten wandern und dabei seinen typischen Geruch nicht wahrnehmen. Was mich daran erinnert, daß Mai der richtige Monat ist, um *Matthiola bicornis* zu säen, diese kleine dunkle Levkoje, die nachts ihren Duft ausströmt. Ich habe gerade einige Gramm am Fuße eine Eibenhecke am Wegrand gesät und freue mich auf warme Abende, wenn die bleiche Schleiereule über dem Garten umherstreift und der starke Duft dieser kleinen Pflanzen mich immer wieder von neuem überrascht. Sie kündigen den Sommer an, während noch vor kurzer Zeit Schnee den Boden bedeckt hat, aber diese bescheidene kleine Einjährige wird so leicht vergessen, daß es sicher nicht falsch ist, wenn ich sie hier in Erinnerung bringe. Wenn Sie ihre Samen mit dem von Virginia-Levkojen vermischen, dann haben Sie tagsüber einen hübschen Farbfleck und nachts einen schönen Duft.

Nichts kommt der sanften, vagen Berührung einer leichten Krankheit gleich, wenn es darum geht, uns zum Nachdenken über etwas zu bringen, das wir kürzlich erlebt haben. Wir dürfen natürlich nicht zu krank sein, sondern nur gerade so sehr, daß wir mit gutem Gewissen und ausreichendem Fieber, um unsere Wahrnehmungsfähigkeiten zu schärfen, einige Tage im Bett verbringen können. Wir legen das Leben beiseite; wir registrieren vage, daß in der Ferne eine Waldtaube gurrt, daß eine Drossel an einem Schneckenhaus herumpickt, daß ein leichter Wind durch die Pappeln weht, kleine, aber wichtige Ereignisse eben. In solchen Momenten, in solchen der erzwungenen Muße gewidmeten kurzen Stunden können wir so ausgiebig ruhen wie eine Kuh auf ihrer Weide ruht.

In einer solchen Stimmung dachte ich daran, wie ich in den Wald gegangen war, um die Wurzeln einer ganz besonders tiefrosa Anemone auszugraben. Ich hatte sie dort wachsen sehen und wußte von früheren Gelegenheiten her, daß wir, wenn wir das Glück haben, unter den weißen eine farbige Anemone zu entdecken, diese farbige Anemone verpflanzen und durchaus damit rechnen können, daß sie im eigenen Garten diese Farbe beibehält. Vandalen graben in ihrer Ignoranz oft zur falschen Zeit Pflanzen aus und behandeln sie so schlecht, daß keine Hoffnung auf Überleben besteht. Ich wußte, daß es richtig war, meine rosa Anemone in meinen Garten zu versetzen. Sie war so zahlreich vertreten, daß sie mir eine Kelle voll von ihren Wurzeln durchaus gönnen konnte.

Diese Kelle voller Waldboden erteilte mir dann eine Lehre. Sie war vollgestopft mit wachsenden Dingen, die allesamt ums Überleben kämpften. Nur eine Kelle reichte, um zwölf Quadratzentimeter englischen Waldes zu stören! Dort befand sich ein potentieller Eichbaum, der schon aus der Eichel hervorlugte. Es gab junge Brombeersträucher, die schon in diesem Stadium der Unschuld mit einer Invasion drohten. Es gab junges, drei Zentimeter hohes Geißblatt, das sich anschickte, sich mit Hilfe der zweigigen Unterstützung des Haselwäldchens in die Höhe zu recken. Das alles bildete ein unterirdisches lebendiges Gewirr in gemeinsamem Kampf, und ich als überlegenes Menschenwesen trennte mit meinem scharfen Messer die gewünschte Pflanze heraus und zerstörte alles andere kämpfende und ringende Leben, das ohne mein Eingreifen vielleicht zur Vollendung gelangt wäre.

Als ich mit meinem Fieber im Bett lag, fragte ich mich, ob das nun falsch oder richtig gewesen sei. Ich fühlte mich mit einem ganzen Spektrum an moralischen Problemen konfrontiert. Ich hatte eine junge Eiche getötet. Aber ich hatte eine rosa Anemone gerettet. Wie sollte ich diese moralischen Fragen beantworten?

Ich wußte wirklich nur, daß ich diesen Maimorgen in einem mit Glockenblumen gefüllten Wald niemals vergessen würde.

REGISTER DER PFLANZEN

ABBILDUNGSVERZEICHNIS